英語が話せない先生のための

小学校
外国語指導の教科書

江尻寛正 著

明治図書

はじめに

　2018年度から新学習指導要領の移行期間となり，小学校3年生以上で外国語（以下，英語）の授業が始まっています。先生方が一生懸命取り組まれているという話とともに，困り感がある先生も多いと聞きます。

・「英語が話せない私が英語の授業をしなきゃいけないなんて，何から始めたらいいのだろう」
・「公開授業をすることになったけれど，押さえるポイントが分からない」
・「専科教員としてよりよい英語授業を広めていきたいけれど，感覚でやっている部分をうまく言葉にして伝えられない」

　これらの困り感の多くは，「○○に困っている」というはっきりしたものというより，「何に困っているかが分からない」といった漠然としたもののように思います。小学校英語に関しては文部科学省が多くの資料を作成していますし，書店にも多くの書籍が並んでいます。それにもかかわらず，なぜ先生方がモヤモヤする漠然とした悩みをかかえてしまうのでしょうか。
　私は，手に入る情報の1つ1つが，よりよい英語授業に進むための階段の1段1段であると考えた時，その段差が英語授業が苦手な先生方にとってはまだ少し高かったのではないかと考えています。具体的には，「紹介されている指導案通りに授業をしたのにうまくいかなかった……。でもその理由が分からない……」という状態になるということです。本当は，指導案に書かれないような細かいポイントも押さえる必要があるのに，それが分からないまま授業をするために，うまく階段をのぼれないということです。では，どうしてそのポイントは共有されていないのでしょうか。
　それは，高学年担任に学級経営力の高い教員が多く，感覚で英語の授業を進めることがあったからだと思います。児童同士の関係ができていれば，英語授業におけるポイントの押さえが少々たりなくても，コミュニケーション

はそれなりに成立するからです。しかし，英語が教科になって定着が求められるとそうはいきません。意図的な手立てや工夫が今まで以上に必要になってきます。

　また，中学校・高校での指導経験はあるけれど小学校で初めて教える英語専科の方や，今まで低・中学年を担任することが多かったために小学校英語を指導した経験がほとんどない方など，様々な先生方が今後は小学校英語にかかわることになります。そう考えた時，階段の段差が低くなるような情報，つまり指導案に書かれるほどではない細かい情報の共有こそが，小学校英語授業における先生方の困り感や悩みを解消することにつながっていくと考えています。本書は，その細かい情報の共有を目的にしています。

　本書の4章・5章を執筆していた頃，「平成30年7月豪雨」が私の住む地域を襲い，多くの方が被災しました。知人の1人は，自分が大変な状況にもかかわらず，「大丈夫か？」と連絡をくれました。全国の英語仲間からも，安否を心配した連絡がありました。私は，それまで以上に自分ができることに真摯に取り組もうと思いました。公務はもちろんですが，本書の執筆においては，当初の予定よりも具体的な内容を増やし，少しでも分かりやすくなるようにできるだけ視覚的に示すようにしました。読んでいただいた先生方の授業改善が少しでも早く進むようにという願いを込めています。また，現在，書店に並ぶ小学校英語に関する書籍よりも，かなり細かい留意点や指導の工夫についても書くようにしました。読んでいただければ，「何に困っているかが分からない」と思っていた先生が，「○○ができていなかった」と気付くことができると思います。指導的な立場にある先生方が，自分の取り組みを言語化するヒントを見つけるきっかけになると思います。

　本書が先生方の困り感を少しでも解消し，小学校英語の授業が充実していくことを願っています。そして，それがきっかけになり，子どもたちが人とつながり合う喜びを実感できる授業が各地で行われ，教室に笑顔がたくさんあふれていくことを心から願っています。

2018年7月　岡山県倉敷市の自宅にて

Contents

はじめに

1章 英語が話せなくても大丈夫！ 外国語授業の基礎基本

1 小学校で英語授業を行うメリット……………………………………8
2 2020年度から英語教育はどうなるの？……………………………12
3 小学校で英語を教える時に大切なこと……………………………16
4 3・4年生の外国語活動の指導の基本………………………………20
5 5・6年生の外国語科の指導の基本…………………………………24

2章 この力だけは身に付けたい！ 外国語授業の基本スキル

1 外国語授業で指導者に求められる力………………………………28
2 授業構成力Ⅰ（環境・教材づくり）…………………………………32
3 授業構成力Ⅰ（時間数確保）…………………………………………36
4 授業構成力Ⅰ（児童の興味・関心が高い題材の選定）……………38
5 授業構成力Ⅰ（深い学びにつながる他教科との関連）……………40
6 授業構成力Ⅰ（単元・授業の流れの一定化）………………………44
7 指導・対応力（授業開きでの意欲付け）……………………………46
8 指導・対応力（支援が必要な児童への配慮）………………………48

9	指導・対応力（五感を使っての指導）	54
10	指導・対応力（短時間の活動の組み合わせ）	56
11	指導・対応力（言いたくなる手立て・指導技術）	58
12	授業構成力Ⅱ（成長が自覚できるふりかえり）	60
13	授業構成力Ⅱ（学んだことを活用する場づくり）	62

3章 分かっていれば大丈夫！外国語授業の落とし穴

1	いきなり教え込む授業をしない！	64
2	英語の授業だけ不自然な指導をしない！	66
3	英語の授業に特別感をもたせない！	68
4	一方的に英語を話さない！	70
5	ゲームを授業の中心にしない！	72
6	英語を話したことばかりほめない！	74

4章 発話や文法が苦手でも大丈夫！各内容の授業のつくり方

1 聞き取りが苦手な先生だから分かること！ ……76

「聞くこと」のポイントを押さえた研究授業の指導案＆板書！

① 3年『Let's Try！1』Unit6
ALPHABET　アルファベットとなかよし ……78

② 4年『Let's Try！2』Unit5
Do you have a pen? おすすめの文房具セットをつくろう ……82

③ 5年『We Can! 1』Unit 1
　　Hello, everyone.　アルファベット・自己紹介……………………86
④ 6年『We Can! 2』Unit 9
　　Junior High School Life　中学校生活・部活動………………90
2　やり取りが苦手な先生だから分かること！……………………94
「話すこと [やり取り]」のポイントを押さえた研究授業の指導案＆板書！
① 3年『Let's Try! 1』Unit 4
　　I like blue.　すきなものをつたえよう……………………………96
② 4年『Let's Try! 2』Unit 2
　　Let's play cards.　すきな遊びをつたえよう……………………100
③ 5年『We Can! 1』Unit 6
　　I want to go to Italy.　行ってみたい国や地域…………………104
④ 6年『We Can! 2』Unit 3
　　He is famous. She is great.　人物紹介……………………………108
3　発表が苦手な先生だから分かること！…………………………112
「話すこと [発表]」のポイントを押さえた研究授業の指導案＆板書！
① 3年『Let's Try! 1』Unit 7
　　This is for you.　カードをおくろう………………………………114
② 4年『Let's Try! 2』Unit 9
　　This is my day.　ぼく・わたしの一日……………………………118
③ 5年『We Can! 1』Unit 8
　　What would you like?　料理・値段………………………………122
④ 6年『We Can! 2』Unit 1
　　This is ME!　自己紹介………………………………………………126
4　読解が苦手な先生だから分かること！…………………………130
「読むこと」のポイントを押さえた研究授業の指導案＆板書！
① 5年『We Can! 1』Unit 7
　　Where is the treasure?　位置と場所………………………………132

② 6年『We Can! 2』Unit 5
　　　　My Summer Vacation　夏休みの思い出……………………136
　5　文法が苦手な先生だから分かること！………………………140
「書くこと」のポイントを押さえた研究授業の指導案＆板書！
　　① 5年『We Can! 1』Unit 9
　　　　Who is your hero?　あこがれの人………………………142
　　② 6年『We Can! 2』Unit 4
　　　　I like my town.　自分たちの町・地域……………………146

5章　使えば身に付く！教師の英語スキルアップのポイント

　1　小学校教師の英語の学び方！………………………………150
　2　教室で使う英語は教室で学ぶ！………………………………152
　3　日記⇔ALTとの会話「天候編」………………………………154
　4　日記⇔ALTとの会話「日常生活編」…………………………156
　5　日記⇔ALTとの会話「趣味編」………………………………158
　6　日記⇔ALTとの会話「名言編」………………………………160
　7　日記⇔ALTとの会話「授業のふりかえり編」………………162

参考文献

1章 英語が話せなくても大丈夫！ 外国語授業の基礎基本

1 小学校で英語授業を行うメリット

「英語が苦手な私に英語を教えるなんて無理！」と思っていませんか。視点を変えることによって，小学校英語は他教科にもいい影響を与え，小学校教育全体の充実につなげることができます。

多くの教科を教えなきゃいけないのに，さらに苦手な英語が入ると大変すぎる……。

【教えることが多すぎる状態】

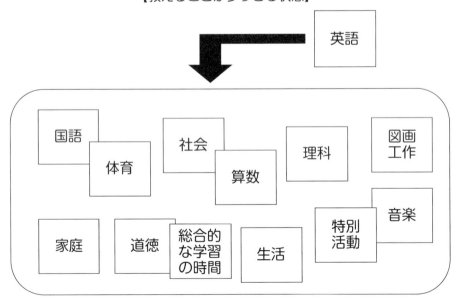

心の中のカリキュラム・マネジメント！

> 「教科書を教えるんじゃない。教科書で教えるんだ」

　私が教師人生をスタートさせた頃，算数科の研究授業後に尊敬する先輩から言われた言葉です。おそらく，似た言葉を今までに言われた方も多いのではないでしょうか。当時の私はこの言葉を聞いた時，「言っていることは分かるけど，教科書をしっかり教えることがまずは大事だと思うけどなぁ」と心の中で思っていました。しかし今は，言葉の意味がよく分かります。

　授業の中で教科書の内容を教えることはもちろん大切です。けれど，教師はそこをゴールとするのではなく，その先には何があるかをしっかり考えておくことがさらに大切だと思います。授業の中で教えたことが，児童にとってどんな意味があるのかを考えておくということです。

　例えば，2年生の算数科「かけ算」の授業を例に考えます。「かけ算ができるかどうか」という視点だけで授業に臨む教師は，児童が「かけ算ができる」ように授業を工夫します。研究授業であれば，様々な手立てを考えることでしょう。しかし，これでよいのでしょうか。道をはずれることがないような，教師が敷いたレールの上を進んだからといって，児童が自分の人生を歩む力を身に付けたとは思えません。しかし，教師が「かけ算が身に付いたら，将来のどんな場面に生きるのか」を意識し，「かけ算が理解できなかった時，あきらめずにチャレンジする気持ちをどう育てるか」を大事にすると，それが授業の端々に表れてきます。手立てを少なくして児童が困る状況をあえてつくり，自分で解決の道を見つけさせることもあるでしょう。また，算数科が苦手な児童が「かけ算なんて，できなくてもいいし」という表情を浮かべた時に，すぐに声をかけることができることでしょう。そういった環境の中で，児童は多くのことを学んでいきます。

　「かけ算ができたら，こんなこともできるんだ。もっと勉強したい！」

「あきらめなかったから,僕は心が強くなったな。成長した気がする!」

「しんどい時に声をかけてくれたから,すごくうれしかった。私もそんなことができるような人になりたいな!」

もちろんこれは,小学校英語の授業にもあてはまります。英語の授業で付ける力は英語だけではないからです。学習指導要領や解説においても,外国語による言語活動を通して,コミュニケーションを図る資質・能力を育てるという目標が書かれています。

> 「英語表現を教える」のではなく,「英語表現を学ぶことを通して教える」という意識を教師が大事にすることで,他教科にもよい影響を与えることができます。

だからこそ,英語が苦手な教師にも伝えられることは多くあります。

大事なことは,1日の生活のほとんどを児童と過ごし,いろいろな教科を教える小学校教師だからこそ,「全体としてどんな力を付けたいのか」という育てたい児童像をしっかり描いておくことです。その中で,「英語の授業の役割はどんなことなのか」を考えておくことが大切だと思います。

英語の授業は,コミュニケーションを図る資質・能力を育てることが目標ですが,それとともに,育てたい児童像のどの部分を英語の授業では育てることができるのかという役割を意識することで,今までとは違った視点で児童に力を付けることができ,結果として小学校教育全体がよくなっていきます。

例えば私は,「困難に直面してもあきらめない力」「自分の思いを工夫して伝える力」「多様性を認める力」といったことを英語の授業で育てることができると考えていました。私はこれを,「心の中のカリキュラム・マネジメント」と考えています。1つの教科に焦点化しすぎてそれぞれがバラバラに存在する状態ではなく,小学校教育全体で考え,それぞれの教科の特性を生かした授業を展開していくことが大切だと考えています。

【教科の特性を整理し，心の中をカリキュラム・マネジメントした状態】

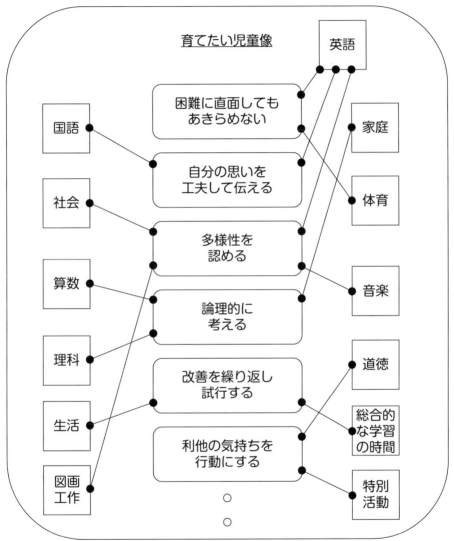

※図の見やすさを考慮し，英語以外は1つだけ結んでいます。また，育てたい児童像は実態や教師の考え方によって違うものであり，結び方についても唯一の解ということではありません。あくまでイメージとして示しています。

1章 英語が話せなくても大丈夫！ 外国語授業の基礎基本

2 2020年度から英語教育はどうなるの？

　小学校で英語を行うメリットはなんとなく分かっても，本質を押さえておかなければ進む方向が違ってきます。まずは，小学校英語を含めた全体像を理解しておくことが大切です。

　そもそも，小学校で英語を教えることになった経緯と目標はどんなことなんだろう。

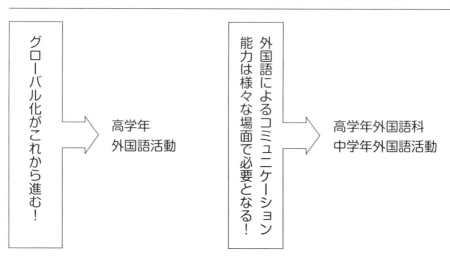

2008年	2011年	2016年	2020年
答申	学習指導要領	答申	学習指導要領

グローバル化がこれから進む！ ⇒ 高学年外国語活動

外国語によるコミュニケーション能力は様々な場面で必要となる！ ⇒ 高学年外国語科　中学年外国語活動

将来に必要な力は知識よりも,コミュニケーション能力!

> グローバル化が進む社会において,コミュニケーション能力は重要だ!

　2008年告示の学習指導要領において高学年で外国語活動が必修となりました。その経緯として,「社会や経済のグローバル化が急速に進展すること」が挙げられています。また,2017年告示の学習指導要領において,中学年で外国語活動,高学年で外国語科が必修となり,「外国語によるコミュニケーション能力は,一部の業種や職種だけでなく,生涯にわたる様々な場面で必要とされる」ことが経緯として挙げられています。

　確かに,日本を訪れる外国人観光客についてのニュースや,都心のコンビニやファーストフード店で働く外国人スタッフはかなり増えたように感じます。法務省のデータによると,私が暮らす岡山県においても在留外国人はこの20年間で1万人以上増えていて,その国籍はなんと100か国となっています(2016年現在)。この数字を知ると,実感以上に社会のグローバル化が進んでいることが分かります。

　このような社会において,外国語教育の充実が求められるのは理解できます。日本だから相手が日本語を学べばいいという考えもありますが,やはり円滑なコミュニケーションを考えた時に外国語は必要だと思います。ただ,例えば岡山県を例に考えると,100か国語を学ぶことは現実的ではありません。そこで共通語としての英語の存在があるのだと思います。お互いの母語で話すことはできないけれど,お互いが少しは分かる英語で会話するというイメージです。しかし,私は留意することもあると考えます。それは,開始年度を早め,教科化して語彙や表現の定着を求めるだけではうまくいかないということです。語学として学ぶのではなく,コミュニケーションの道具として外国語を学ぶ視点が不可欠だと,私は自分の経験から強く思います。

私は，ブラジルのサンパウロ日本人学校で3年間勤務しました。ブラジルは日本ではあまりなじみのないポルトガル語圏ですので，赴任当初は全く聞けず話せずの状態でした。そこで最初は，テキストを使って語彙や表現を増やす学習をしましたが，それで語学力が上がっても，コミュニケーションを図る能力にはならないと気付きました。100個の単語を覚えても会話に必要ないものであればコミュニケーションには役立ちません。言葉を並べたやり取りがあったとして，内容がなければ会話は続きません。その逆で，言葉がなくても伝えたり伝わったりするノンバーバルの部分もあるわけです。

> 　　コミュニケーション能力は，実際のコミュニケーション場面で伸びる。

　これがまさに私の実感です。そして，文部科学省が学習指導要領で示している方向性もこれと同じだと考えています。
　「外国語によるコミュニケーションにおける見方・考え方を働かせ，外国語による聞くこと，読むこと，話すこと，書くことの言語活動を通して，コミュニケーションを図る基礎となる資質・能力を次のとおり育成することを目指す」（2017年告示学習指導要領　外国語）
　2020年度からは教科としての外国語（英語）が始まりますが，単語テストやリスニングテストをして語彙を定着させることがゴールではありません。将来，外国人とコミュニケーションを図りながらともに生活する可能性が高くなることをイメージし，外国語を使いながら，相手の思いを推し量り，自分の言いたいことを工夫して伝え，お互いのことを分かり合うための力を身に付けていくことが大切です。そして，この力を伸ばすために，言語活動というコミュニケーション場面を通して，他者と思いを伝え合う経験を積んでいくことが大切です。

【誤ったイメージ】
2020年　学習指導要領

外国語によるコミュニケーション能力は様々な場面で必要となる！　→　　高学年外国語科　中学年外国語活動

- 単語テストの増強
- リスニングテストの増強
- 文法指導
- 正しい発音指導

【学習指導要領の目標のイメージ】
2020年　学習指導要領

外国語によるコミュニケーション能力は様々な場面で必要となる！　→　　高学年外国語科　中学年外国語活動

- 言語活動の充実
- 外国語でのやり取りの充実
- 語順・スペースへの気付き
- 音声への気付き

1章 英語が話せなくても大丈夫！ 外国語授業の基礎基本

3 小学校で英語を教える時に大切なこと

グローバル社会において求められるコミュニケーション能力を育成するためには，従来のような教え込みの教育ではなく，主体的・対話的な授業が求められます。

コミュニケーション能力向上を目指した授業はどのように行えばいいのかなぁ。

【従来の授業イメージ】

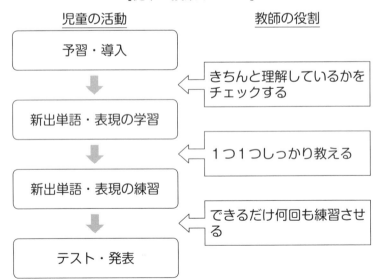

覚えて使うのではなく，使って身に付ける！

「英語は実技教科である」

　これは，中学校の英語科の先生と話すとよく聞く言葉です。特に指導力が高く，生徒の英語を話す力を伸ばしている先生ほど，このようなことを言われることが多いと感じます。これは英語という教科をどう捉えるかにもつながるように思います。

　例えば，私の母語は日本語です。教科で言えば国語にあたります。では，私の日本語は国語の授業によって身に付いたのでしょうか。ある意味ではそうですし，ある意味では違います。感覚的に分けると，話す・聞く力は日常会話から学び，読む・書く力は国語の授業で学んだように思います。その経験から考えると，小学校英語の授業は日常会話のような活動から学ぶものというイメージになるのではないでしょうか。

　あえてイメージとして日常会話という言葉を例に出しましたが，文部科学省の言葉で言えば「場面設定を行う」ということです。ある英語表現を授業で取り上げる時に，その言語だけを取り上げて「教師が教える授業」ではなく，その言語が使われる場面を設定し，体験を通して「児童が気付いて学ぶ授業」にすることが大切です。

　まず，「教師が教える授業」での教師が発する言葉のイメージです。

・人と会った時は，英語で「Hello.」と言います。
・ALTの先生の発音を聞いて，10回同じように言いましょう。
・隣の人と「Hello.」と言い合いましょう。
・3分以内に，できるだけたくさんの人に「Hello.」と言いましょう。
・今日，学んだ英語は何でしたか。

次に,「児童が気付いて学ぶ授業」での教師が発する言葉のイメージです。

・Hello.（ALTとお互いに挨拶をする）
・Hello. Thank you!
（児童にも声をかけ,反応があった児童を称賛する）
・Stand up, please. じゃあ,いろいろな人に挨拶をして,素敵な挨拶をする人を見つけよう。
・笑顔の挨拶やハイタッチの挨拶は元気になるね。
・「Hello.」に,一言付け加えるならどんな言葉があるかな？
・英語だと「How are you?」と聞くことが多いよ。
・ALTの○○先生に挨拶をしてみよう。
「Hello, ○○先生. How are you?」
・英語の授業以外でも,○○先生に英語で挨拶できるといいね。
・今日,気付いたことを書きましょう。

　教師の発する言葉によって,授業が違うものになることがお分かりいただけたでしょうか。「児童が気付いて学ぶ授業」は,まずは体験から始まります。教師とALTがお互いを見て言葉を発すれば,挨拶をしている状況だろうと推測できます。また,その言葉を自分や友だちにかけられれば,どう返すかは経験から分かるものです。何年か前,テレビCMで金子みすゞさんの「こだまでしょうか」という詩が取り上げられていました。「ばか」と言われれば「ばか」と言いたくなり,「ごめんね」と言われれば「ごめんね」と言うようになる。これは,言葉とともにそこに含まれる相手の思いも受け取ることを表していて,状況から感じたことが自分の行動につながる様を表しているように思います。

　つまり,意味がよく分からない言語でも,場面や様子からなんとなく分かるということです。まず言葉を使い,相手の反応や自分に対する教師の評価によって,生きて働く言葉を獲得していくのです。新学習指導要領では,どのように学ぶかが重視されていますが,授業においては気付かせる場面をつくり,意味のある言葉を話させるようにしていくことが大切だと思います。

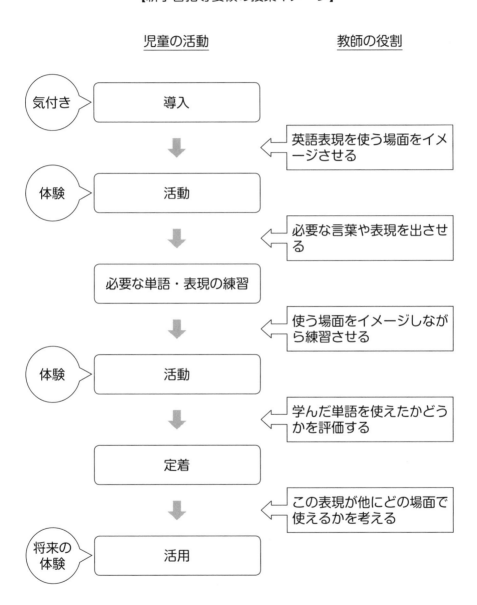

1章 英語が話せなくても大丈夫！ 外国語授業の基礎基本

4　3・4年生の外国語活動の指導の基本

　小学校英語との出合いです。テキストの内容を参考に，発達段階や児童の実態に応じた指導を行うことが大切です。また，アルファベットへの慣れ親しみについては，国語科と連携させることで指導が充実します。

　今までの高学年でやっていた外国語活動と同じようにやるだけで大丈夫かなぁ。

2008年3月 学習指導要領 外国語活動		2017年3月 学習指導要領 外国語活動
5・6年	指導学年	3・4年
外国語を通じて，言語や文化について体験的に理解を深め，積極的にコミュニケーションを図ろうとする態度の育成を図り，外国語の音声や基本的な表現に慣れ親しませながら，<u>コミュニケーション能力の素地</u>を養う。	目標 同じ？	外国語によるコミュニケーションにおける見方・考え方を働かせ，外国語による聞くこと，話すことの言語活動を通して，<u>コミュニケーションを図る素地</u>となる資質・能力を次のとおり育成することを目指す。

言語活動を通して資質・能力を育成する！

> 中学年だからこそ，相手意識のある言語活動をより重視する！

　小学校英語の導入時，「英語嫌いをつくらない」という言葉をよく聞きました。そして，教師は児童を楽しませるゲームを授業で行い，児童も「英語の授業はゲームをするから楽しい」というイメージができあがりました。

　しかし，ゲームはゲームです。これだけでは，生きて働く知識にはなりません。ゲームの中でいくら流暢に「What color do you like?」と言えても，自分が好意を寄せている子にあげるプレゼントの色を選ぶ時に，ドキドキしながら好きな色をたずねることと比べれば，口から出る表現は同じであっても，言葉の働きや心の動きは全く違うからです。相手意識をもって発する言葉には思いがつまっていて，自分の頭にも相手の心にも残ります。学習指導要領にも，「相手に配慮しながら，主体的に外国語を用いてコミュニケーションを図ろうとする態度を養う」とあるように，ただ英語を発して終わるのではなく，その言葉をどのように話したり聞いたりするか考えながら使い，言葉で人とかかわる楽しさが体験できる活動を行うことが重要です。

　これは，中学年だからこそ大切です。今までは小学校高学年の外国語活動と中学校の外国語科の連携が問題になっていました。小学校は楽しい活動なのに，中学校では学習面が強くなり，意欲の低下が見られるということです。今後は小学校の中学年と高学年でこうならないようにしっかり柱をつくっておくことが大切です。それが「言語活動」です。中学年は英語教育という視点から見ると導入段階です。そこで楽しい活動を行うことには意味があります。しかし，それが中心となるのではなく，コミュニケーション能力の素地を養う相手意識のある言語活動が授業の中心になることが大切です。中学年での言語活動の充実が，高学年での外国語科授業の充実につながります。

> 中学年では、国語科と連携させて丁寧な文字指導を行う。

　小学校卒業時には、「A」というアルファベットを見て「エィ」と【読む】ことができて、四線上に【書く】ことが求められます。また、いくつかのアルファベットを前にして「エィはどれ？」と教師が聞いた時、「エィはこれです」と【分かる】ことも求められます。中学年の文字（アルファベット）指導は「聞くこと」に位置付けられていて、国語科のローマ字指導との連携が重要です。

　例えば私は、アルファベットの導入は外国語活動で行っていました。「身近にある英語を探してみよう」と投げかけます。児童は持ちものや教室の中にある英語を探します。児童が見つけたもの（例：HB鉛筆）を使って読み方を確認すると意欲も高まります。そして、デジタル教材を使ったり、ALTの先生の発音を聞いたりして音に慣れ親しませます。アルファベットの音に慣れ親しませるのは、国語科よりも外国語活動の授業が適しています。さらに、「帰り道や家でも英語を見つけてみよう」と投げかけます。すると、街の中にある標識、店の看板などから多くのアルファベットを児童は見つけます。家の中にも今はアルファベットがあふれています。中には、書き写してくる子もいるでしょう。そこが、書く指導のスタートです。その子を称賛し、書かれた文字を英語の授業で使用します。そして、他の子にも「見つけたら書いてみてね」と投げかけます。中には形がおかしいものもあるでしょう。4歳くらいの子が見よう見まねでひらがなを書き出す時と同じです。ここで大切なことは、間違いに目を向けるのではなく書いたことを称賛することです。書く意欲を高めたうえで形の指導を行います。これは、国語科の方が適していると思います。外国語活動では音に慣れ親しませながら、場面設定をして興味・関心を高める。国語科では文字の形の指導をする。小学校教員だからこそできる教科の特性を生かしたカリキュラム・マネジメントによって、時間をかけて丁寧な文字指導を行っていくことが大切だと思います。

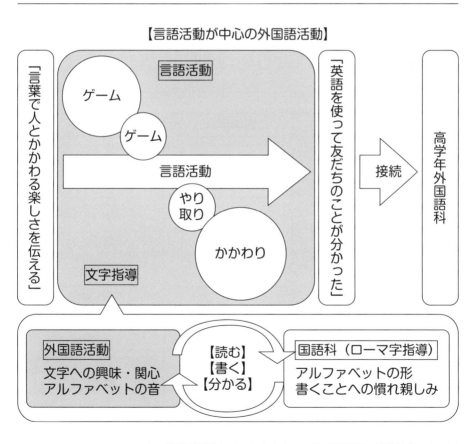

1章 英語が話せなくても大丈夫！ 外国語授業の基礎基本

5 5・6年生の外国語科の指導の基本

　中学年での外国語活動の経験を生かして子どもたちの人とかかわる意欲をさらに高め，体験を通して表現や語彙，アルファベットの定着を図ります。また，中学校の外国語科へつないでいく役割もあります。

　　中学年の外国語活動の経験を生かしつつ，中学校につなげるには何を大事にしたらいいかなぁ。

中学年	高学年	中学校
聞くこと	聞くこと	聞くこと
話すこと	話すこと	話すこと
アルファベット	読むこと	読むこと
	書くこと	書くこと

気付き，慣れ親しみ，理解して，活用する！

教科になったからといって，「教え込む」わけではない！

　小学校外国語が教科になると定着が求められます。定着という言葉を聞くと，しっかり教えて何度も反復するというイメージが浮かぶ先生も多いと思います。しかし，教科だからといって全く違う指導になるわけではありません。例えば，学習指導要領　外国語活動の知識・技能にかかわる目標は次のように書かれています。

　「外国語を通して，言語や文化について体験的に理解を深め，日本語と外国語との音声の違い等に気付くとともに，外国語の音声や基本的な表現に慣れ親しむようにする」（下線は著者）

　「慣れ親しみ」が最後の姿ではありますが，その前には「気付く」ことがあり，それは言語活動の体験があるからこそ生まれます。
　また，学習指導要領　外国語には次のように書かれています。

　「外国語の音声や文字，語彙，表現，文構造，言語の働きなどについて，日本語と外国語との違いに気付き，これらの知識を理解するとともに，読むこと，書くことに慣れ親しみ，聞くこと，読むこと，話すこと，書くことによる実際のコミュニケーションにおいて活用できる基礎的な技能を身に付けるようにする」（下線は著者）

　外国語科においても，まずは「気付き」があります。このために言語活動の設定が必要であり，中学年で「慣れ親しみ」のある表現を「理解」していくわけです。読むこと，書くことについては高学年からの実施なので，「慣

れ親しみ」が求められていることが分かります。つまり,「教師が教えて,それを児童が覚える」というイメージにあるような,「理解」が優先順位の第1位ではないということです。

> 外国語科においても言語活動を位置付け,「気付き」が生まれる場面の中で英語表現に「慣れ親しませ」ながら,「理解」までつなげていく。その英語表現を実際に「活用」できる授業を行うことが大切です。

教師は自分が教えられたイメージで教えてしまいがちです。特に,小学校英語について大学で教科教育法を学んでいない場合,自身の中学校や高校での英語授業ではなく,新学習指導要領の趣旨に沿った授業を行うという意識を強くもつ必要があります。そしてこれは英語に限りません。どの教科においても,「主体的・対話的で深い学び」(いわゆるアクティブ・ラーニング)の視点からの授業改善が求められています。これについては,国語や算数といった既存の教科よりも,新しい教科である小学校英語の方が授業改善に取り組みやすいのではないかと私は考えています。例えば,文部科学省が作成した教材『We Can!』の中には Small Talk という活動が位置付けられています。今までの教育観で考えれば,教師が教えた表現を繰り返し練習させ,ある程度定着した段階で英語を使う活動を行うという流れになります。しかし,『小学校外国語活動・外国語研修ガイドブック』に示されているように,Small Talk は教師が教えることよりも,児童が英語を使う体験を重視しています。体験の中で,児童が必要だと感じた英語表現を自ら学んでいくという流れです。教師には教育観の転換です。児童が必要だと感じる英語表現が教師が指導する内容とは異なっていたり,教師の想定を超えたりすることもあるからです。しかし,これこそがアクティブ・ラーニングだと思います。教師が教えるのではなく,児童が学ぶことを大切にする。そんな授業は小学校英語から始められると思います。

【各段階における授業のポイント】黒字は慣れ親しみ，白字は定着

中学年	高学年	中学校
言語活動	言語活動	言語活動
気付き ↕ 慣れ親しみ	気付き → 慣れ親しみ ↓ 活用 ← 理解	理解 ↕ 活用
聞くこと／話すこと	**聞くこと／話すこと**	**聞くこと／話すこと**
アルファベット	読むこと／書くこと	**読むこと／書くこと**
コミュニケーション能力の素地	コミュニケーション能力の基礎	コミュニケーション能力の基本

1章　英語が話せなくても大丈夫！　外国語授業の基礎基本

2章 この力だけは身に付けたい！ 外国語授業の基本スキル

1 外国語授業で指導者に求められる力

　小学校外国語の授業を充実させるためのポイントを3つに分けて考えます。どんな授業にするかを考える「授業構成力」と，実際の授業をよりよくするための「指導・対応力」，そして「英語力」です。3つの力を意識して磨くことで授業が充実していきます。

外国語の授業をする時には何を意識すればいいのかなぁ。考えることがいっぱいあって心配……。

何をするかを整理することが大切！

　「英語は話せないし，評価をしなくちゃいけないし，授業の進め方も分からない。何をすればいいかが分からない……」

　パソコンが動かなくなることを「フリーズする」と言いますが，小学校英語に関してもそうなっているという先生の声を聞くことがあります。確かに，「教科化」「英語力」「主体的・対話的で深い学び」「文字指導」「ICT活用」「支援を要する児童への対応」「パフォーマンス評価」等，小学校英語に関して多くのことが求められてくる中で，もともと苦手意識がある先生にとっては，何が分からないかが分からないという状態かもしれません。そんな時は，まずは情報を整理していくことが大切だと考えます。

指導者に求められることを整理する！

　小学校の先生方と話をしていると，いろいろなことに不安をもたれているのが分かります。その不安には，「そもそも何をしたらいいか分からない」という漠然としたものが多いように思います。そこで，まずは全体を整理して考えたいと思います。
　私は，小学校外国語指導者に求められる力として次の３つを考えています。

---
①授業構成力
②指導・対応力
③英語力

---

　①の「授業構成力」とは，「児童のコミュニケーション能力を高める授業の組み立て方」に関することです。例えば，どんな教室で，何を用意しておけばよいのか。また，授業で扱う内容はどんなものが適当で，何に留意すればよいのか。そして，児童の力をどう評価していくのかといったことです。この授業構成力を大事にしたい理由は２つあります。
　１つはカリキュラム・マネジメントにかかわるからです。新学習指導要領全面実施においては，教育課程全体で授業時数が増えることになっています。そのため，その増加分をどう確保するのかという視点が必要です。そして，小学校教員は複数の教科を教えているということを生かし，他教科と連携させることで指導内容を精選・充実させていくという視点も必要です。小学校英語時数確保を行いつつ，他教科と関連・連携させたカリキュラムを構成することで，授業の充実度が飛躍的に高まると考えます。
　もう１つは，英語が苦手な指導者が多いからです。授業構成を戦略的に行っておくことは，英語が苦手というウィークポイントを大幅に軽減することにつながります。見通しがあることで指導者に余裕ができ，英語力に不安があっても活動が滞ることは少なくなるからです。

②の「指導・対応力」とは，「授業中の児童とのやり取り」のことです。英語の授業では，児童の実態や状況に合わせた臨機応変な判断・対応が大切です。

　例えば，英語の授業への不安感・抵抗感が児童にある場合，どんな配慮をすればよいでしょう。また，教室には支援が必要な児童が一定の割合でいるわけですが，どんな手立てを考えておけばよいでしょう。私は，指導者が年間や単元を見通しておくことが大切だと考えています。小学生が日常生活の中で外国語を使う必要性はほとんどないですが，大人になる頃には外国語を使う場面は増えていることでしょう。そのベースを小学校で育むと考え，指導者もあせらずに先を見据えた対応をしていくことが大切だと思います。

　また，主体的・対話的で深い学び，いわゆるアクティブ・ラーニングの視点からの授業改善が求められていますが，小学校英語の授業でも考えていく必要があります。これについては，他教科の指導の工夫を取り入れることが有効だと考えています。例えば，小学校２年生で九九を教える時，いきなり九九表を持ち出して覚えさせる先生はいないでしょう。飴が２つ入った袋の実物や絵を見せ，「何個ありますか？」と問いかけて数えさせるようなことから始まると思います。そして，既習事項のたし算を使って考えながら，それでは時間がかかるからもっと簡単にできないかという課題をもち，かけ算を知り，そのよさを理解したうえで活用していくという流れになると思います。小学校英語でも同じです。授業構成の工夫とともに，思わず児童が言いたくなるやり取りや，どう言えば相手に伝わるのか考えさせるような対応を指導者が行うことで授業が充実します。

　③の「英語力」は，小学校教員には大きな不安要素かもしれません。しかし，指導者に必要な英語力を身に付けることはそんなに難しいことではありません。外国の映画を字幕なしで見たり，外国の人と英語で議論したりするレベルが求められているわけではないからです。

　英語力向上のためには，自分が話す予定の英語を授業前に確認しておき，実際にそれらを使います。そして，「言いたいけれど言えなかった」という

言葉を授業後に復習し，次の授業で使うようにします。このサイクルを続ければ，1年で教室内の英語に困ることは激減します。授業で必要な英語表現を実際に使いながら学ぶサイクルが大切です。

【外国語授業で指導者に求められる力のイメージ】

授業前	授業中	授業後
授業構成力Ⅰ	指導・対応力	授業構成力Ⅱ
環境・教材づくり	授業開きでの意欲付け	成長が自覚できるふりかえり
時間数確保	支援が必要な児童への配慮	学んだことを活用する場づくり
児童の興味・関心が高い題材の選定	五感を使っての指導	
深い学びにつながる他教科との関連	短時間の活動の組み合わせ	
単元・授業の流れの一定化	言いたくなる手立て・指導技術	
英語力		
自分が話す英語表現の準備	英語を使いながら課題を見つける	言えなかった英語表現の復習

2章 この力だけは身に付けたい！ 外国語授業の基本スキル

2 授業構成力Ⅰ（環境・教材づくり）

英語の授業はどのような場所で行い，どのようなものを用意しておけばよいでしょうか。正解があるわけではないですが，私が意識して取り組んできたことを参考として紹介します。

環境・教材

●教室環境

私は普通の教室で授業を行うことがよいと考えています。

外国語活動ではゲームがよく行われるので，机もイスもない多目的室のような場所で行われることが多かったと思います。

しかし，これからは高学年では教科書を使用しながら読むこと・書くことの授業が行われますし，中学年でもアルファベットの指導が行われます。テキストがあり，そこに何かを書くということを考えると，他教科と同様に机とイスは必要不可欠だと思います。

ただ，ICT環境は不可欠です。大型提示装置の設置については文部科学省が作成した整備方針では100％となっていますが，未設置という学校もあることでしょう。その場合はパソコンルームを使用することになりますので，他のクラスとの時間割調整を行っておくことが必要です。

● 移動式ホワイトボード

前時のふりかえりや,既習表現を示す時に使います。

外国語科の授業は週に2時間程度です。その中で定着が求められることになります。音声中心で授業が行われるので,音声認識が苦手な児童に対する視覚的な支援は不可欠です。授業中の板書での手立てはもちろん大切ですが,それは消えてしまうので,想起しやすいように残しておくことができればと思います。黒板とは別にホワイトボードを用意しておけば,前時のふりかえりをかねて既習表現を示すことができ,絵や文字を頼りにしながら,表現の定着を図ることができます。

● キッチンタイマー

課題の制限時間を示す時に使います。

小学校英語の授業では,1つの課題をじっくり考えるより,短時間の活動を組み合わせることが多いと思います。その際,児童にも残り時間が分かるように示すことで,見通しをもった主体的な取り組みにすることができます。

● 音楽CD

活動の終わりの合図として使います。

活動中は教室に声があふれ,教師の指示が通りにくくなります。終わりの合図として,音楽を流すようにしておくとスムーズです。学校で蛍の光が流れると下校ムードが漂うイメージです。私は児童に親しみがあるアニメの音楽をよく使っていました。

●教材づくり　表面

　ピクチャーカードは外国語の授業でよく使います。絵だけではなく，これからは意図的に文字を入れることも大切です。その際，絵と文字の大きさがポイントです。私のイメージを紹介します。

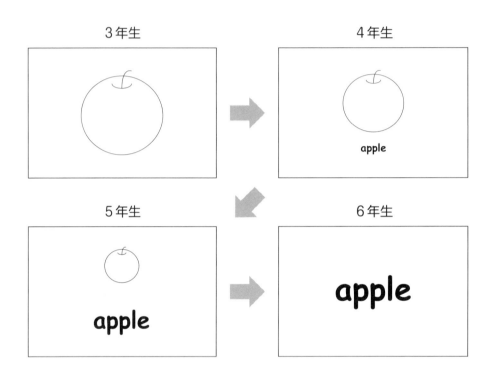

　あくまでこれはイメージです。児童の発達段階や外国語経験によって変わってきます。例えば6年生においては，「文字だけを示して読ませる」ということではなく，「音声で十分に慣れ親しませておく」ことや，「場面設定をしたうえで推測して読ませる」ということが大切です。

　なお，絵と文字を組み合わせたピクチャーカードは，文部科学省が作成したデジタル教材で作成することができます。また，フォントについては新教材フォントをダウンロードして使用することをおすすめします。

●教材づくり　裏面

　ピクチャーカードはラミネートしておくと，次年度以降も使用することができます。

　ただ，白い紙に絵を印刷して，そのままラミネートすると裏から透けてしまいます。ピクチャーカードを使って「What's this?」クイズをしようとして裏返していても，児童から「先生，答えが見えてるよ〜」と言われることになってしまいます。それを防ぐために，白い紙の後ろに黒っぽい紙を入れてからラミネートします。こうすることで透けなくなります。

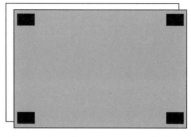

　また，マグネットを付けておくと，黒板上でピクチャーカードを移動することができるので，ミッシングゲーム等が行いやすくなります。より実用的にするならば，絵を印刷した紙と黒っぽい紙の間にマグネットを入れてラミネートすれば，黒板上で裏返して貼ることもできて大変便利です。その際，一部だけではなく四隅につけておくことが望ましいです。一部だけだと，まっすぐ貼れなかったり，磁力が弱くてすべり落ちたりすることがあります。スムーズな授業運営を行うためには教材をしっかり作成しておくことが大切です。

●四線シート

　四線上にアルファベットを書くことを定着させる必要があります。黒板で書き方を示す場合，そのたびに定規を使って四線を書いていると時間がかかります。右のような紙を事前にコピーしておくと必要な時にすぐ使えます。ポイントは，左右の余白を少なくしておくことです。2枚使えば少し長い文章にも対応できます。また上下の余白を多くしておくことで，絵や日本語で補足することもできます。

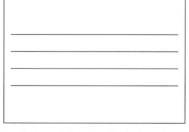

2章 この力だけは身に付けたい！ 外国語授業の基本スキル

3 授業構成力Ⅰ（時間数確保）

　新学習指導要領の全面実施においては，週あたり1時間増となります。そのためには，どんな方法があるかを知り，それらを英語で行う際には何に留意する必要があるかを考えておくことが大切です。

■ 文部科学省が示している3つの選択肢

　「小学校におけるカリキュラム・マネジメントの在り方に関する検討会議」（文部科学省，2017年）の報告書の中で，考えられる選択肢が3つ示され，それぞれの留意点も示されています。

①	年間の授業日数を増加させる
②	週の時間割の中に，短時間・長時間の授業を複数位置付ける
	週の時間割の中に，45分の授業を1つ増やす
③	①と②を組み合わせる

　また，留意点として，次のようなことが示されています。

・各教科等の特質を踏まえた検討を行うこと
・単元や題材といった時間や内容のまとまりの中に適切に位置付けることにより，バランスのとれた資質・能力の育成に努めること
・授業のねらいを明確にして実施すること
・教科書や，教科書と関連付けた教材を開発するなど，適切な教材を用いること

短時間学習（モジュール学習）を実施する際の留意点

新聞報道等で話題にのぼったことで，学校現場でも「モジュールって何だ？」「英語でどうやって行うんだ？」となりました。実施にあたっての留意点について，報告書に書かれていること以外で実際の教室で考えておくことをまとめておきます。

①短時間学習（モジュール学習）はどの教科でも実施できる

前述した報告書の中に国語や算数など他教科での学習活動例が取り上げられています。小学校で英語が行われることで時間数が増加するため，現場の先生にも「モジュール学習は英語でしか行えない」と考えている方がいると聞きます。他教科でも実施可能であることを確認しておきます。

②45分授業を３等分しただけとは考えない

15分はとても短い時間ですので，焦点化した授業を行う必要があります。
例えば，始めと終わりの挨拶だけでも１～２分は必要です。また，新しい活動を行うとなると，その説明だけで５分かかることもあるでしょう。そう考えると，短時間学習の中では，挨拶を簡略化し，前時で行った活動を中心にした取り組みを行うことが考えられます。

③回数が増えることを生かした授業展開にしていく

週に45分１回と15分３回の授業を行う場合，工夫もなく同じことを繰り返すだけでは児童の意欲が下がることが考えられます。前後の45分授業で行う言語活動を少し工夫しながら取り組めるものがおすすめです。例えば，15分授業ではペアで行ったインタビュー活動を，45分授業ではクラス全体で行うといったものです。文部科学省も具体的な単元構成を紹介していますので参考にしてください。（新教材説明会【平成29年９月21日（木曜日）】配付資料　資料４「短時間学習に対応した単元計画例」）

2章 この力だけは身に付けたい！ 外国語授業の基本スキル

4 授業構成力Ⅰ（児童の興味・関心が高い題材の選定）

　文部科学省が作成した教材や教科書会社等が作成した教科書を使って授業を行うわけですが、そこで扱われている題材・言語活動を児童の実態に合わせることで、さらに意欲が高まり主体的な学びへとつながります。

■ 題材を選定して、児童の能動的な学びを促す

　『小学校外国語活動・外国語研修ガイドブック』（文部科学省，2017年）には、題材の選定について次のように書かれています。

> 　学習の主体は児童である。児童が興味をもち、思わず「聞きたい」「やってみたい」と身を乗り出すような場面を授業の中に設定することが、児童の能動的な学びを促すと考える。そして、こうした児童の姿が実現する授業づくりには、児童の心を動かし意欲を喚起するような「題材の選定」が重要な要素の1つとなる。

　例えば、『Let's Try! 1』のUnit 4「I like blue. すきなものをつたえよう」の第1時の目標は、「多様な考え方があることに気付くこと」「色の言い方に慣れ親しむこと」ですが、この目標の達成に向けて「虹」という題材が選定されています。

　「虹」は各国によってイメージに違いがあり、色塗りを通して主体的に取り組むことができるので題材として適しています。しかし、担任の個性やクラスの実態に応じたさらによい題材があれば、それを取り入れることで授業がさらに充実します。他の例もいくつか紹介します。

ポストの色は何色？

　私は海外に行った際，ポストと信号機の写真を撮影しています。使途は同じなのに，国によって違いがあり，見るだけでもおもしろいからです。ここでは「ポスト」を使用した例を紹介します。

　『Let's Try! 1』の「虹」と同じように色を塗らせて始めることもできますが，右のような絵を見せて「What's this?」とたずね，その後「What color?」と聞いていくこともできます。そして，「It's red!」と答えた児童に対して，「Yes. It's red in Japan. But, I'm in Brazil. So, It's not red. What color?」と展開していくこともできます。同様のやり方で他の国のポストを紹介すると，単元目標の達成に近付きます。ちなみに，各国のポストの色は次のようになっています。
〇日本，イギリス等：赤　　　〇アメリカ，ロシア等：青
〇中国，アイルランド等：深緑　〇ブラジル，ドイツ等：黄

幸せの色って何色？

　3年生の『Let's Try! 1』のUnit 2「How are you? ごきげんいかが？」で感情や状態をたずねたり答えたりします。それ以降，教師が児童に「How are you?」とたずねることが多いと思います。自己表現を楽しむ児童が多いクラスなら，「I'm happy.」と答えた児童に，「Oh, happy! Nice!」と反応し，「確かに楽しそうな顔をしてるね。じゃあ，その幸せな気持ちを色で言ったら何色かな？」と聞いてみると，単元目標につながっていきます。最初の児童が答えられなくても，「Who is happy?」と聞いて，答えられる児童から答えさせていくとよいでしょう。redやorangeといった明るい色を言う児童もいれば，greenといった色に落ち着いた幸せを感じる児童もいると思います。多様な考えに気付き，それらの違いを認め合っていくことで，単元最後の自己紹介が主体的で深い学びになることにつながります。

2章
この力だけは身に付けたい！　外国語授業の基本スキル

5 授業構成力Ⅰ（深い学びにつながる他教科との関連）

　複数教科を教えている小学校教師は，それらを関連させることでより深い学びにすることができます。そのためには，それぞれの教科の特性を踏まえることが大切です。いくつかの例を紹介します。

他教科との関連は3種類

　他教科との関連について，私は3つに分けて考えています。

①同じ題材で変化を付ける
②英語で他教科の意欲付けを行う
③英語で他教科の学びを生かす

　②と③においては，教師が「他の教科でやったことだよ（やることだよ）」と言わないことが大切だと私は考えています。

　多くの場合，他教科との関連は教師が一方的に行いますが，これでは未来に生きる児童の力を育成することにはつながりません。与えられた情報から何を答えるかを自分自身で読み解く力が今後は必要だからです。課題と向き合い，他教科との関連に自ら気付き，その解決方法を自分自身で思考した時にこそ，主体的・対話的で深い学びになると私は考えています。

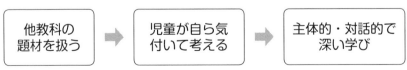

①同じ題材で変化を付ける例（国語科のローマ字学習との関連）

　アルファベットの指導において，3年生の国語科で扱うローマ字と関連させることは必要不可欠です。

　国語科では主に訓令式を扱いますが，外国語ではヘボン式を扱います。しかし，これらの違いやねらいが分からないという声が先生からもあると聞きます。まずは，この違いを整理しておきたいと思います。

	訓令式	ヘボン式
経緯	日本語を表記するために考案された。	英語の文字と日本語の音が合うように考案された。
授業でのねらい	日本語の音が，子音と母音の組み合わせで成り立っていることを理解する。	外国の人とコミュニケーションを図る際に多く用いる表記であることを理解する。

　国語科　⇔　外国語活動・外国語科

　英語の授業では名前をヘボン式で書くことを継続的に行い，必然性のある中でアルファベットに慣れ親しませることがおすすめです。

　そのために，ワークシートの氏名記入欄に四線を書いておきます。

　また，苦手な児童もいますから，最初は書き写すことから始めるようにします。

　そのために，英語授業で使う名札等を年度当初に作成しておくと，児童はそれを見ながら書くことができます。

〈名札〉　EJIRI Hiromasa　→見ながら書き写す　〈ワークシート〉Name ＿＿＿

②英語で他教科の意欲付けを行う例（社会科の国土学習との関連）

　5年生の社会科で国土についての学習が行われます。その際，特色ある地域の気候や祭り等が扱われます。それにかかわる英語の授業として，『We Can! 1』のUnit 2「When is your birthday?」があります。後に社会科で学習する内容を意図的に英語の授業で行うことで，社会科の学びが深まります。

　『We Can!1』Unit2「When is your birthday?」　　社会科

・Let's Listen 1 を聞かせる。
　「*Hanami*, cherry blossom parties. We have *hanami* in March and April.」
・この音声を聞かせた後，花見のピクチャーカードを1月の下に貼るなどして，花見が1月に行われているということを教師が伝える。
・児童からは「No!」「March and April!」といった声があがる。
・その後，花見のカードを5月の下に貼る。
・児童からは「No!」「March and April!」といった声があがる。
・その後，「さくらの満開状況」（気象庁，2018年）等の資料を出す。
・那覇は1月に満開，旭川・室蘭は5月に満開ということが分かる。

　英語の授業で気候に関しての詳しい話をする必要はありません。気候については社会科で学ぶことだからです。英語のLet's Listen 1 でのねらいは，月名を英語で聞いたり話したりすることです。「地域によって桜の開花状況が違う」ということに興味をもてば，他の行事のLet's Listen 1 についても考えながら月名を聞くようになります。

　同様のことを海開きで行うこともできます。Let's Listen 1 では海開きはJulyとなっていますが，沖縄では3月に行われるからです。「北海道ではどうなんだろう」と考える児童もいることでしょう。英語をきっかけに気候に興味をもち，社会科での学習意欲が高まることにつながります。

③英語で他教科の学びを生かす例(家庭科の栄養素の学習との関連)

　5年生の家庭科で栄養素のはたらきについての学習があり,3つの食品のグループとそのはたらきについて学びます。その学びを生かす英語の授業として,『We Can! 1』のUnit 8「What would you like?」でのSmall Talkを紹介します。教師がクイズを出して児童が答えますが,正解するためには家庭科での学びを想起する必要があり,教科横断的な学びを児童自身が行う深い学びとなります。

| 家庭科 | | 『We Can! 1』Unit 8「What would you like ?」|

・Small Talkとして食べ物クイズを出す。
・線だけで描かれたピクチャーカードを見せて色を問う。
　例:牛乳
・「White!」と答えるであろうが,「Sorry. It's red.」と言う。
・理由は説明せずに,続けて問題を出していく。
　例:豆腐(red),トマト(green),ごはん(yellow)等
・意味が分かった児童がいても理由を言わせずに,個別に問題を出して答えさせたり,ヒントを出させたりする。

　このSmall Talkでのポイントは,英語での色の言い方だけを教えているわけではないということです。正答をいくつか聞かせる中で,児童の頭の中にいろいろな理由が浮かんできます。短時間の活動ですが,「課題の設定→情報の収集→整理・分析→まとめ・表現」という探求的な学びになることを意識しています。
　単元の最後に,誰かのためにメニューを考える活動を行いますが,ただ単に「好きだから」という理由だけではなく,「好きなものは赤色だから,黄色と緑色の食品も入れる」という考えが児童からも出てくることでしょう。教師はそのきっかけを与えることが大切だと考えます。

2章 この力だけは身に付けたい！ 外国語授業の基本スキル

6 授業構成力Ⅰ（単元・授業の流れの一定化）

様々な工夫を行うことで，児童の興味・関心を高め，深い学びを促すことができます。しかし，他教科も教える小学校教師に毎時間それができるわけではありません。単元や授業の流れを一定にしておき，持続可能な授業を行うことも大切です。

■ まずは基本をチェック！

基本的な単元・授業構成について，『小学校外国語活動・外国語研修ガイドブック』（文部科学省，2017年）の中では次のように書かれています。

●単元・授業構成上の留意点（38・64ページより抜粋）

・ゴールの明確化と段階的な目標設定
・目標に沿った活動の選択と効果的な配列
・「聞くこと」「話すこと」「読むこと」「書くこと」の順序性を踏まえる
・単元を通じて繰り返し取り組ませる活動を位置付ける

1コマ（45分）の基本的な流れは，〈（例）挨拶→ウォームアップ／導入／復習→中心となる活動→振り返り→挨拶〉としている。まず，英語で挨拶し，外国語活動が始まる雰囲気をつくり，ウォームアップなどで緊張をほぐす。次に，中心となる活動へ移るが，1時間の活動においても，できれば聞く活動から，まねる活動，自ら発話する活動へと段階的に組み立てるとよい。

単元・授業構成の基本的な流れ！

「聞く」「話す」「読む」「書く」の順番を意識した単元構成を行い，単元の最初は「聞く」割合を高め，授業が進むにつれてアウトプットの割合を高めます。また，「聞く」「話す」の間に「まねる」という段階も入れていきます。

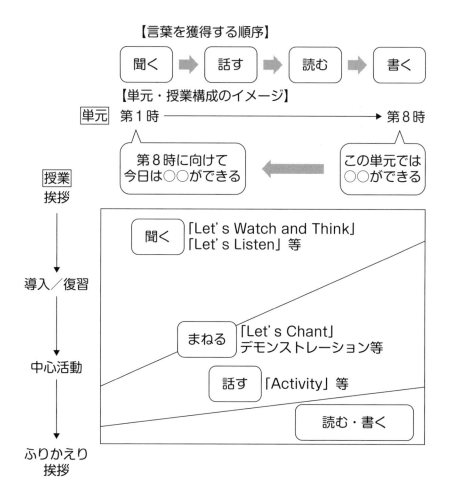

2章 この力だけは身に付けたい！ 外国語授業の基本スキル

7 指導・対応力（授業開きでの意欲付け）

外国語の授業を苦手としている教師にとって，授業開きは不安が大きいと思います。それは児童にとっても同じです。日本語での学習以上にドキドキすることもあるでしょう。授業開きでその不安を少しでも解消してあげられたらと思います。

どうして英語の勉強をするのかについて話をする

何事でもそうですが，「なぜそれをするのか？」という目的があることで，主体的に学ぶ意欲が生まれます。英語を学ぶ目的を，児童に最初に伝えることが大切です。私は統計的な資料をもとにして，児童に話をしていました。

- 「岡山県には，何か国くらいの人が住んでいると思う？」
- 児童に予想を出させる。
- 「正解は100か国です」（「在留外国人統計」法務省，2016年）
- いくつかの国名を伝える。
- 将来，隣近所に外国の方が住む可能性は大いにあることを伝える。
- 違う言語の者同士が分かり合う言語の1つとして英語を紹介する。
- 語学ではなく，コミュニケーションの手段という目的を伝える。

児童の不安を理解する

学ぶ目的が分かればどんどん学ぶかというと，そうではないのが人間です。例えば私が教員研修の中で「隣の人と自己紹介をしてください。もちろん英語です」と言えば，「え〜っ」という声や不安そうな顔が会場にあふれます。

「言いたいことがうまく英語にならない……」「発音が正しいか不安だ……」という心配が大人にあるということは子どもにもあるだろうと考えます。そこで私は，外国の方に話しかけられた時の次のようなエピソードを紹介して，英語を使う不安感を少しでも解消するようにしています。

・困っている表情の外国の方に道で話しかけられた。
・「私は倉敷駅です。分からない。どこ？　私は駅です。倉敷駅です」
・この方が何を言っているかを児童に問う。
・倉敷駅への道を聞いているということを伝える。
・言葉は相手に伝えようとすれば伝わるということを伝える。
・聞き手は相手が何を伝えたいか考えながら聞くことを伝える。
・思いきって使い，分かり合える英語授業にすることを確認する。

実際に活動して評価する

　この後，実際に活動をします。頭での理解よりも，体験して実感があることの方が小学生には大事だからです。そしてそれを評価します。

　活動は単純なゲームで大丈夫です。私は，普通のじゃんけん，同じが勝ちじゃんけん，負けるが勝ちじゃんけんなどをして，英語での挨拶やハイタッチ，勝った数を英語で問うなどをしていました。

　そして活動後に，英語を学ぶ目的に沿った行動や，思いきって英語を使ったり分かり合おうとしたりする姿を見取り，評価するようにしていました。

「思いきって英語を言えてチャレンジする気持ちが育ったね」
「みんなで伝え合って，喜び合えると楽しいよね」

　目的や目標に向けて一歩踏み出したという実感が児童に生まれていれば，授業開きとして大成功だと思います。

2章 この力だけは身に付けたい！ 外国語授業の基本スキル

8 指導・対応力 （支援が必要な児童への配慮）

どの教室にも支援が必要な児童が一定数はいると言われています。教師の配慮は必要不可欠です。また，そういった配慮は，教室のどの児童にとっても学びやすさにつながります。できることから始めていくことが大切です。

「次に何やるの？」「いつまでやるの？」と言う児童に対して

●指導の流れカード

学び手が見通しをもつことができるように，よく使われるものです。私は，ただ示すだけではなく，よりよい活用ができるようにと意識していたことが2つあります。

1つは，授業開始時に内容を細かく紹介するということです。活動名だけを言うのではなく，「まず○○をします。今日はこんなことをするよ」「次に○○をします。前の時は何に気を付けたかな」「そして，○○をします。前のふりかえりでこんなことを書いていた人がいたので紹介するね」など，活動＋一言を意識していました。これによって，自分が何をして，どのように取り組めばよいかのイメージをもつことができると考えたからです。また，前時のふりかえりを付け加えることで，本時はさらに高い目標をもつことができるからです。そして，流れを詳しく伝えておけば，ALTや教師が主に英語で話しても児童の困り感は少なく，授業がスムーズに流れるという実感が私にはありました。

もう1つは，活動名のカードの裏にマグネットを付けておき，活動ごとにカードを動かして板書に位置付けていくということです。

　よくあるのが矢印を使って「今，どこをしているか」を示す方法です。しかし，これでは矢印を動かす時間と活動に少しのタイムラグが生まれます。それによって，「え？　何？」となってしまうことがあります。最初に説明したホワイトボードからカードをはずしつつ，それを持って説明しながら板書に位置付けていけば，授業の流れが大変スムーズになります。

「英語は話せない！」という児童に対して

【自己評価欄を設けたふりかえりカード】

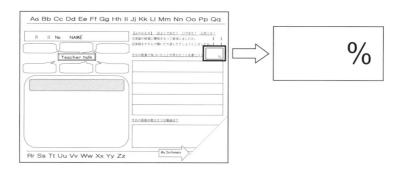

　ふりかえりカードに自己評価を取り入れる実践は多くあります。教師が示した視点（例：進んで英語を使えましたか？）に対して，◎○△等で記入するものです。私はそういった項目とともに，「授業中に話した言葉のうち，英語をどれくらいの割合（％）で使ったか」を数字で自己評価する欄を設けています。これを行っている理由は2つあります。

1つは，児童の自己評価を教師が評価するためです。
　例えば，前述の例であれば，「進んで英語を使えましたか？」に対して◎を付けていても，教師がそれを評価して返すことはあまりないと思います。その日にどんな活動をしたかで自己評価が変わり，前と比較しにくいからです。しかし，英語を話した割合（％）であれば児童個人の中では一定の規準があるはずです。つまり，前時までと本時とを比較して自己評価できますし，教師はその伸びを見取ることができます。そして，支援が必要な児童の場合，「認めてほしい」という気持ちが他の児童より強い場合があり，極端に高い割合（％）を記入することがあります。教師はその気持ちを汲んで，前時と比べての評価やコメントを書くことができます。割合（％）の高さや，前と比較しての伸びをコメントすれば，その児童のがんばりを認めてあげることができるのです。

〈コメント例〉

前より伸びたら花丸！

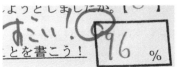
96％以上は「すごい！」

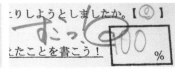
100％は「すごっ！」

　もう1つは，「日本語を使ってはいけません！」と言う回数が減るということです。
　例えば，ゲーム的な活動をグループで行うと，支援が必要な児童はゲームの勝ち負けに夢中になることがあり，その際に英語を使うという設定を無視してしまうことがあります。すると，教師が注意することが増えてしまい，それが続けば意欲をなくしたり，パニックになったりします。しかし，毎時間，英語使用割合を自己評価することを続けていると，教師が注意することが減ります。もちろん活動によっては日本語を多く使うこともありますが，それに対しても，注意ではなく，英語使用の割合が高い児童に注目して称賛することで全体の意欲を高めることができます。

「新しいことは苦手！」という児童に対して

●同じ活動を繰り返す（Who am I?）

　新しい活動に対して抵抗があったり，説明が分からないととまどったりする児童がいます。同じ活動を繰り返すことで，安心して取り組むことができます。私は「Who am I?」という活動をほぼ毎時間行っていました。この活動はすべらない鉄板ネタです。

〈「Who am I?」のやり方〉

・4月当初に右のアンケートを児童に書かせておく。
・教師がその児童になりきり英語で読む。
・それが誰のことかを予想してあてる。
・該当児童は教師と同じように自己紹介をする。
・正解がなかなか出ない場合はヒントを出す。（例：Boy or girl?　Boy!　He is sitting on the left side of our classroom.）
・正解が出た後，慣れてきたら教師の自己紹介による出題だけではなく児童からの質問を促し，「What color do you like?」等を使ってやり取りをしながら進める。

　この活動は，「聞くこと」「話すこと」の技能を統合したものです。やり方もすぐに理解できますし，答えには意外性があることも多く（○○くんは，赤色が好きだったんだ！　等）児童に大人気です。支援が必要な児童については，この活動のやり方にクラスが十分に慣れ，自己紹介の表現に親しんだ頃に該当するようにすれば，英語に自信をつける活動にすることができます。また，この活動は周りのみんなが自分のことを考えてくれたといううれしさもあるようで，クラスに対する所属感や安心感も育むことができます。

「何をやったらいいか分からない！」という児童に対して

● 活動形態の工夫（ペアやグループで解決する場面を増やす）

　教師や ALT が英語で問いかけた時，クラスの中で特定の児童だけが反応するということはないでしょうか。逆に，個人を指名しても「分からない……」となることはないでしょうか。そんな時は，活動形態を工夫してペアやグループで答えるようにしておくとやり取りが充実します。

　教師と児童での Small Talk の場面で説明します。

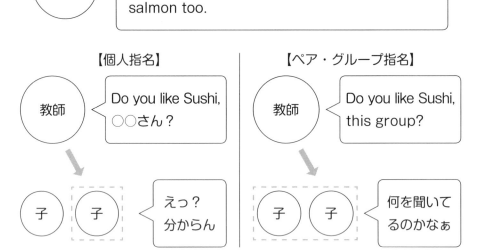

　ペアやグループを指名することで，考える時間が少しできます。そして，ペアやグループの中で相談することも認めておきます。そのうえで，教師から見て答えられそうな児童にまずはたずねるようにします。それを見たり聞いたりしながらだと，支援が必要な児童も答えられます。Small Talk は定着のための大事な言語活動だからこそ，特定の児童とだけ進めるのではなく，全員が参加できる手立てを教師が講じることが大切です。

「英語は苦手！」という児童に対して

●ペア活動でのいいところ探し

　小学校英語の授業では，ペアで何かをすることが他教科よりも多くなります。その際，英語の目的とともに，自己肯定感を高める要素を入れることで支援が必要な児童も積極的に取り組むことができるようになります。

　児童同士でのSmall Talkの場面で説明します。

【よくある指示】

教師：Small Talk をする時は，アイコンタクト，スマイル，クリアボイスに気を付けて話しましょう！

【自己肯定感を高める要素を入れた指示】

教師：Small Talk をする時は，その人のいいところを探してください。終わった時に聞くので教えてください！

　終了後にたずねると，教師が伝えたい言葉が児童からたくさん出てきます。
「うなずいてくれたから，話しやすかったし，うれしかったです」
「Me, too. とか，英語で反応を返してくれたのでよかったです」
　支援が必要な児童ほど，進んでペアの人のいいところを発表することがあります。それは，自分のいいところを認めてほしいという気持ちの裏返しでもあります。いいところを見つけたことを教師が称賛し，ペアの相手からさらに認められると自己肯定感が高まります。教師の指示に従うだけではなく，自分たちでよさを見つけ，認め合うことは，コミュニケーション能力を高めるための素地として，誰にとっても必要なことだと思います。

2章

この力だけは身に付けたい！　外国語授業の基本スキル

9 指導・対応力（五感を使っての指導）

　教室には，活発な児童もいれば，おとなしい児童もいます。また，物事を認知する方法は人によって違い，聴覚優位，視覚優位，言語優位等があると言います。一斉指導では様々な児童がいるということを考えて活動を仕組むことが大切です。

■ 様々なテンションの活動を行う！

　児童の実態に合わせて題材を選定するとともに，様々なテンションの活動を取り入れることも大切だと私は考えています。例として，『Let's Try! 1』のUnit 4「I like blue. すきなものをつたえよう」の単元で説明します。

　テキストの「虹の色塗り」は，おとなしい児童が熱心に取り組むことが想像できます。しかし，体を動かすことが好きな児童はどうでしょうか。この後に読み聞かせを行い，ふりかえりカードを書いて終わったとすると，その児童はそわそわした状態で授業を終えるかもしれません。英語のねらいを頭で達成したとしても，心の中の満足度は高くないということも考えられます。そこで，「虹の色塗り」の後に，色オニのような，色の英語を聞いてその色をできるだけ早くさわるという動的な活動をしてはどうでしょう。

　また，知的なことが好きな児童もいるので，線だけで描いた信号機の絵を見せて，3つの○のそれぞれが何色かを考えて塗るような少し知的な色塗りを行ってはどうでしょう。

　様々なテンションの活動を1時間の授業もしくは単元内にバランスよく配置することで，主体的に学ぶ児童が増えると考えます。

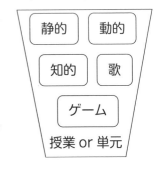

様々な指示を出す！

物事の認知の仕方には人それぞれの特性があるものです。「○○くんは視覚優位だから」と個別指導ができればベストですが，実際は難しいので，一斉指導の中で様々な指示を意識して出すことが教師に求められることだと思います。例として，インタビューを行う場面で説明します。

- ・教室内のいろいろな人にインタビューしてください。
- ・出会った時は「Hello. How are you?」と挨拶してください。
- ・その後，じゃんけんをしてください。
- ・勝った人が「What color do you like?」とたずねます。
- ・相手が言った色をワークシートに書いてください。

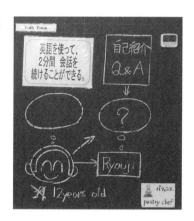

小学校英語は音声中心ですので，教師が英語を使いながら概要を説明することが多いと思います。(聴覚優位の児童対象)

しかし，これを言葉だけではなく，デモンストレーションとともに行えば，視覚的にも分かります。(視覚優位の児童対象)

そして，絵や慣れ親しんだ文字で右のように板書等で示せば，さらなる手立てとなります。(言語優位の児童対象)

聴覚優位，視覚優位，言語優位の3つのタイプに合わせた指示を組み合わせることを心がけることが，児童の理解を向上させます。

| 音声での指示
(聴覚優位) | ＋ | デモンストレーションでの指示
(視覚優位) | ＋ | 絵や慣れ親しんだ文字での指示
(言語優位) |

2章 この力だけは身に付けたい！ 外国語授業の基本スキル

10 指導・対応力
（短時間の活動の組み合わせ）

授業で何を行うかとともに，それを何分程度行うかで授業は大きく変わります。児童の実態に応じながら，英語を聞く機会を増やすとともに，活動中に増えてしまう日本語を減らすためには，短時間の活動を組み合わせることがポイントです。

▎児童の実態に応じた時間で行い，英語の定着を図る！

小学生の集中力は何分ほどもつのでしょうか。一概には言えませんが，NHKの教育番組が10分程度で作成されていることは参考になるかもしれません。また，番組は３～５分程度のコーナーを組み合わせて作成されています。

私は，これと同じような考え方で授業を構成しています。最初は数分で終わる帯活動を３つほど行います。毎時間行っているので説明も必要ありませんし，日をあけて繰り返すことで確実に力が付きます。メインの活動も５分程度です。時間を長めにとって理解を促すよりも，時間は短くして次回・次々回と何度も行いながら定着させるというイメージです。日常であまりふれる機会がない外国語の定着には，短時間の活動を何度も行うことの方が効果的だと経験から考えています。

めあて達成のために，活動時間を長く確保する		めあて達成のために，短時間の活動を何度も行う

・集中力が持続！
・英語表現が定着！

英語を聞く機会を増やす!

　１つの活動を短時間で行えば,全体として授業内の活動数は増えます。それは,教師の指示の増加となり,児童の英語を聞く機会が増えることになります。クラスルームイングリッシュを何度も聞かせることで,「英語を聞いて分かる」という自信を付けていく児童を増やすことができます。

　ただ,指示ばかりが増えてしまい,コミュニケーション活動が短くなったり減ったりすると本末転倒になってしまいますので,バランスを考えた授業構成を行うことが大切です。

いつの間にか日本語が教室にあふれ出す状態を打破する!

　Activityとしてインタビュー活動がよく行われます。ただ,最初は積極的に英語でたずね合っても,徐々に日本語の割合が増えていくことがあります。

　それを打破するためには,活動の途中で指導や評価を行うことが大切です。これにより,英語を使う意欲を引き上げるとともに,よい児童の行動を取り上げることで,他の児童の取り組みの改善につなげることもできます。

2章 この力だけは身に付けたい！ 外国語授業の基本スキル

11 指導・対応力（言いたくなる手立て・指導技術）

　同じ活動であっても，少しの手立てがあるかないかで児童の学び方が変わります。「主体的に児童が学ぶ」ためには，分かりやすくする手立てとともに，「教師が教えない」という視点から手立てを考えることがポイントです。

■ 全て見せるのではなく，少し見せる！

　りんごの絵を見せて「What's this?」と聞くと，答えは明らかです。しかし，そこに思考はなく，言う必然性もありません。一部を隠したり，ヒントを出したりすることで，児童は主体的に活動に参加します。

　例えば，アルファベットの指導場面を例にします。Aという文字を全て見せて「What's this?」と聞くのと，似た部分がある文字の一部を隠して聞くのとでは児童の頭の中は全く違うはずです。「What's this?」に必然性があり，思考するからこそ，自分の考えを伝えたくなります。

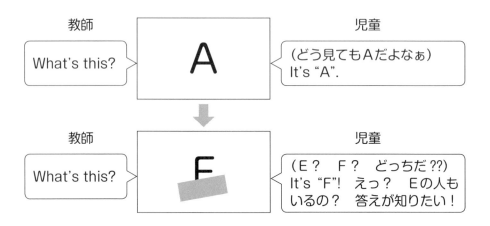

No を言わせる！

　文部科学省が作成している教材（『Let's Try!』や『We Can!』）では，Let's Listen や Let's Watch and Think 等の活動があり，音声や動画を見て内容を聞き取るようになっています。これらの活動の最後に，答え合わせを行うと思います。その時に，教師が正解を伝えるだけではなく，児童とやり取りをしながら行うことで主体的な学びになっていきます。その際のポイントが，児童から「No!」が出るようにするということです。例えば，『We Can! 1』の Unit 1 の Let's Listen 1 のスクリプトは，次のようなものです。

> Hi, I'm Takada Kosei. K-O-S-E-I. Kosei. Nice to meet you. I like hamburger steaks. They are yummy. Do you like hamburger steaks? I don't like lettuce. I like basketball!

　これを聞いていくつかの絵の中からあてはまるものを結ぶ活動になっています。単純な答え合わせだと「Kosei はどれと線を結ぶ？　そうだね。左から2番目だね」となると思います。しかし，私は次のように行っていました。

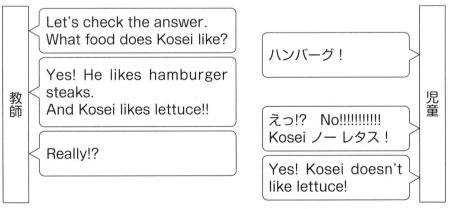

　やり取りをしながら，そこに「No!」と言わせる内容を入れることで，児童が主体的に聞き，話す手立てとなります。

2章 この力だけは身に付けたい！ 外国語授業の基本スキル

12 授業構成力Ⅱ（成長が自覚できるふりかえり）

　小学校英語の授業では，授業の最後にふりかえりカードを使用することがよくあります。その中の自己評価項目を吟味し，授業中に児童自身のメタ認知能力を高める指導を積み上げていくことで，ふりかえりが充実します。

■ 同じ規準でふりかえることができる項目を設ける！

　「進んで活動を行うことができたか」といった項目について，◎○△等を記入するふりかえりカードをよく見ます。しかしこれは，その日の活動が児童の実態に適していたかという，教師の授業構成力が大きな影響を与えます。取り組む姿勢の自己評価を児童にさせるためには，その日に何をしたかということにあまり影響されない項目を設けておくことが大切です。

　例えば私は前述した通り（49ページ），「授業中の英語使用割合」をふりかえりカードの中に入れていました。授業中の自分の発話が，全て英語であれば100％，全て日本語であれば0％，半々だったら50％というものです。主観的な自己評価ですが，その日に何をしたかに影響されずに前時までと比べることができるので，その児童の変容を知ることができます。

| 進んで活動することができたか | ○ | 今日の活動は楽しかったから◎！ |

＋

| 今日の英語使用割合は？ | ○ | 90％！　今日は前より使えたぞ！ |

授業中に児童のメタ認知能力を高めていく！

　授業冒頭でねらいを示し，授業終末にふりかえりを行うと思います。それに加えて，教師の評価を活動中にも行うことで，評価規準が教師と児童の共通理解となり，児童のメタ認知能力を高めることにつながります。

　例えば，その日のねらいが「進んでインタビューしよう」というものだとします。インタビュー活動前に，「進んで」というのはどういう状態かを児童と共通理解してから始めるようにします。笑顔で自分から話しかける態度や，5人以上に聞くという積極性を確認するということです。そして，実際の活動中にも，「進んで」という場面を捉えて，全体に紹介します。評価規準を具体的な行動にしている場面を確認するのです。こうすることで，終末における自己評価が，主観的なものから，全体で共通理解した客観的なものに近付きます。そして，これを繰り返していくことがメタ認知能力を高めることになり，主体的な学びができるようになると考えています。

【教師が何もしなければ……】

ねらい		ふりかえり
「進んでインタビューしよう」	→	「まぁ，進んでできたかな」

【教師が中間評価を入れれば……】

ねらい		ふりかえり
「進んでインタビューしよう」	→	「笑顔で，7人にできたから，今日は進んでできたぞ！」
「進んで」って，何人以上にできること？	○○さんは笑顔でインタビューしてるよ！	

2章 この力だけは身に付けたい！ 外国語授業の基本スキル

13 授業構成力Ⅱ（学んだことを活用する場づくり）

　小学校英語の授業では，場面設定が大切です。英語を使いながら学ぶことで，主体的になります。そして，学んだことを活用する場をつくることで，さらに豊かな学びが展開されていきます。

学ぶ目的をもたせる！

「3人のレンガ職人」というイソップ寓話があります。

> 　ある旅人が道中で出会ったレンガ職人に「何をしているのですか」と話しかけ，それぞれから答えが返ってくるという話です。1人目は「親方から言われて仕方なくレンガを積んでるのさ」と答え，嫌々しています。2人目は「生活費を稼ぐためにレンガを積んでるのさ」と答え，一生懸命にしています。3人目は「たくさんの人が訪れる立派な大聖堂を造っているのさ」と答え，目を輝かせて取り組んでいます。

　教室の中には，「先生や親に言われるから」「勉強は自分がやるべきことだから」という1人目・2人目のレンガ職人のような考えで学習に取り組んでいる児童もいることでしょう。特に英語は小学生にとってはそこまで身近ではないから余計です。だからこそ，教師が場面設定の中で英語に出合わせることが大切です。そしてさらに，「学んでいる英語がどんな場面で使われるのか」を自分事として考える場を設定することが大切だと思います。児童自身が英語を学ぶ目的を自覚しながら取り組むことによって，英語が「学習の対象」ではなく「コミュニケーションの道具」になっていくと思います。

英語を使えそうな場面を考えよう！

ワークシートの中に「今日の英語が使えそうな場面は？」という項目を設けています。授業で扱ったキーフレーズを，生活のどのような場面で使えるかを考えさせます。思い付いた時に書くようにしていますが，時間がある時は全員に考えさせるようにします。右は「How many?」を扱った授業のものですが，「鉛筆を貸してもらう」という場面での使用を考えています。他には，『We Can!』の1

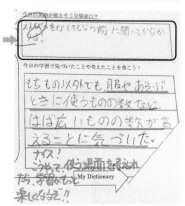

も2もUnit 1は自己紹介ですが，「今日の英語が使えそうな場面は？」と問うと，「アメリカの学校に転校した時！」「海外のサッカーチームに入る時！」等，自分事として考えた答えが出てきます。自分が英語を使う場面を一度でもイメージできると，次に新しい英語表現に出合った時も，「自分なら……」と考えて主体的に取り組むことができるようになると思います。

言いたい英語を獲得させる！

ワークシートの中に「My Dictionary」という項目を設けています。児童が英語で言いたいことがあった時に日本語で書き，それを教師が英語に訳します。教師があえて英語で

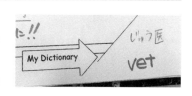

書くことで，読む必要性が生まれます。児童は自分でなんとか読もうとしたり，「先生，読み方を教えてください」と聞いたりするので，その時に音声で聞かせてあげます。児童は自分が言いたい言葉なので，その場で何度も練習したり，聞こえた音をカタカナでメモしたりして，英語をコミュニケーションの道具として獲得し，次の授業の中で使おうとします。そして，使える言葉を獲得した経験は，次への意欲にもつながります。

3章 分かっていれば大丈夫！ 外国語授業の落とし穴

1 いきなり教え込む授業をしない！

英語の授業といえば，単語の意味を調べて覚え，長文を読み，文法事項を学ぶという自分が受けてきた授業をイメージする先生もいると思います。しかし，これからの英語教育，特に小学校段階では場面設定と言語活動が大切です。

今日は食べ物についてたずねる表現を勉強します。What は「何」という意味です。food は「食べ物」だから，「何の食べ物が好きですか？」と聞きたい時は，What food do you like? になります。
意味が分かった人はノートに写しましょう。

✕

What food do you like?
（何）（食べ物）（好きですか）

I like pizza.

コミュニケーションの道具としての英語に出合わせる！

　私が中学生の時は，事前に単語の意味調べを行い，授業では本文を適切に訳すことを行っていました。英語は明らかに学習であり，覚えるものでした。

　自分自身が小学校英語を体験していない場合，自分が学んだ語学としての英語のイメージで授業をしてしまうことが少なくありません。しかし，小学校では特に，コミュニケーションの道具として英語に出合わせることが大切です。「What food do you like?」という英語を理解させることから始めるのではありません。まずは，英語が使われる場面設定を行います。例えば，ラーメン屋・カレー屋・パスタ屋等があるフードコートに外国の友だちと行き，どれを食べるか悩んでいるという状況です。その中で「What food do you like?」に出合わせるのです。

　そして，場面の中で出合わせた英語を使い，流れの中で児童にもたずねます。もちろん，全員が流暢に答えられるわけではありません。慣れ親しんでいない段階ですので当然です。この時，困っている児童を見ると，つい教えて理解させてあげたくなりますが，ここでグッとこらえることが大切です。理解があいまいだからこそ，課題意識が生まれるからです。その課題意識をもとにして，単元末のゴールになる言語活動を具体的に示し，そこに向けていろいろな活動に取り組んで英語表現に慣れ親しむ見通しを児童にもたせていくようにします。

よりよい授業にするポイント

- 場面設定を行い，その中で英語に出合わせる！
- 最初は英語を理解できていなくて当たり前！
- すぐに理解させるのではなく，あいまいさを課題にする！
- 課題を解決することで到達するゴール（言語活動）を設定！
- ゴール（言語活動）に向かうために様々な活動に取り組む！

3章 分かっていれば大丈夫！ 外国語授業の落とし穴

2 英語の授業だけ不自然な指導をしない！

　英語の授業では，児童に「アイコンタクト」「クリアボイス」「スマイル」等を求めることがあります。しかし，言葉は違えど，これらは他教科でも指導していることだと思います。英語の授業だけで強調しない方が自然に定着します。

英語の授業で大事なことは何だっけ。
そうだね。
「Eye contact」「Clear voice」「Smile」だったね。
今日もがんばってやっていこう！

■ アイコンタクトは英語の授業だけでやることではない！

　授業開始時に，「アイコンタクト，クリアボイス，スマイルをしっかり意識しましょう」という確認がよくあります。しかし，私はこの指導には不自然さを感じます。

　アイコンタクトが強調される理由は，「日本人はあまりしないけれど，それは外国の人には失礼にあたるので，英語の授業でしっかり教えなければいけない」ということだからだと思います。しかし，目を見ない指導を日本でしているわけではありません。実際，「話している人の方を向いて聞きましょう」という指導は，ほとんどの先生が学習規律やソーシャルスキルとして日常的に指導していると思います。英語だけで不自然に強調するよりも，で

きていない時に適宜指導する方が児童の学び方としては自然になると思います。

　また，活動の中で話す内容を大切にするということも重要です。定型表現を言うだけなのに，「相手の目を見て，笑顔でうなずきながら，反応を返しなさい」と指導するのは，マニュアルをロボットにプログラミングしているのと変わりません。自分の思いを語る言語活動をきちんと設定すれば，児童は自然と相手の顔を見るはずです（アイコンタクト）。そして，伝えたい内容があれば，相手に伝わる声（クリアボイス）になるはずです。興味があることや新しい発見があれば，自然に笑顔になるでしょう（スマイル）。

　「アイコンタクト，クリアボイス，スマイルをしっかり意識しましょう」と英語の授業で強調するのではなく，これらが自然に生まれる活動を普段からどの授業でも行うことで児童の相手意識を育てることができるのです。

ジェスチャーと英語は必ずセットというわけではない！

　「『I can play soccer.』はボールを蹴っているようにしながら言いましょう」

　このような指導を見ると，英語を話す時はジェスチャーを必ずセットにしなければいけないと児童に伝わるのではないかと心配になります。しかし，ジェスチャーは，言葉だけで伝わらない時に使うことが基本です。だから日本語でもジェスチャーを付けることはあるわけです。例えば，「岡山の桃太郎ぶどうは一粒がすごく大きいんだよ。（指で大きさを示しながら）これぐらい！」といった場面です。

　無理にジェスチャーを付けることで，不自然さを感じる児童は少なくありません。本質を捉えていくことが大切です。

> **よりよい授業にするポイント**
> ・アイコンタクト等は他教科や生活全般の中でも育てる！
> ・自分の思いを語る言語活動をどの教科でも設定する！
> ・ジェスチャーは，言葉を補足するために使わせる！

3章
分かっていれば大丈夫！ 外国語授業の落とし穴

3 英語の授業に特別感をもたせない！

　英語の授業になると，机がない多目的室に移動し，先生がハイテンションになって行っているということがあります。しかし，英語だけを特別にするのではなく，他教科と関連があり，同じ学び方をする方が自然な学びになります。

Hello, everyone!!!!!!!!!
I'm super happy!!!!!!
How are you?　Wow!!　You're fine!
Oh, my god!!
O.K. Let's start English class!!!!!!

■英語だけ特別な教室でする必要はない！

　10年ほど前は，ゲーム等の活動を行うために机やイスがない教室でよく授業が行われていました。しかし今は，ゲームよりも言語活動が重視され，文字指導を行う必要もあるので，机やイスが必要不可欠になっています。そう考えると，わざわざ特別な教室で授業をする必要がなくなってきています。
　ただ，英語専用の部屋を設ければ，掲示物等で英語にふれる機会を増やすことができます。そういったメリットと時間割調整や移動に要する時間とのバランスを考えて授業を行う教室を考えていくことが大切です。

わざわざハイテンションになる必要はない！

　私は初めて英語の授業をした時，金髪のカツラをかぶり，つけ鼻をしていました。当時，英語の授業をしている小学校はほとんどなく，児童に「なんでやらなきゃいけないの？」という雰囲気があり，教師が「楽しませて，興味をひく」ということが必要でした。しかし今は違います。わざわざテンションを上げて特別感を出す必要はありません。ましてや，教師が外国人っぽくなる必要はありません。日本人として英語を使ってどのように外国の方とかかわるかという姿勢を教師が見せ，児童がそれを学ぶことが大切です。

英語だけ特別な学び方をさせない！

　『Let's Try!』や『We Can!』といったテキストや，活動に合わせたワークシートを文部科学省が作成しています。課題に対応していて使いやすいものになっています。

　テキストを他教科と比べると違いがあるのが分かります。例えば，英語は，直接テキストに書き込む箇所がかなり多いです。他教科では各自がノートを持っているという前提があり，英語はそうではないからだと思います。そのかわりに英語ではワークシートがありますが，課題に対応していて取り組みやすい反面，児童が受身になりやすかったり，自分の気付きを書き込むスペースがなかったりという点で他教科のノートの役割とは違っています。

　他教科ではノート指導の重要性がよく言われます。文部科学省作成の資料だけに頼るのではなく，自分の気付きや学びをメモするような指導やワークシートの工夫を英語の授業でも行い，深い学びを行うことが大切です。

> **よりよい授業にするポイント**
> ・英語の授業も机とイスがある教室で行う！
> ・英語の授業も他教科と同じ雰囲気で行う！
> ・学び方を教えるという点で他教科でのノート指導を英語でも生かす！

3章 分かっていれば大丈夫！ 外国語授業の落とし穴

4 一方的に英語を話さない！

英語の授業では指導者は英語を少なからず話すでしょう。しかし，ただ話すだけではなく，児童に伝えることが大切です。無理に英語を話し続けることで，児童の聞く意欲が減退しないように，伝える工夫をする必要があります。

Hello, everyone! What's up!?
By the way, I have never been to Brazil.
But, I'm able to understand Portuguese.
Because I'm interested in watching soccer game in Portuguese.

よい発音の英語だけが英語ではない！

英語を母語としている国は，アメリカ，カナダ，イギリス，オーストラリア等，多くあります。しかし，それぞれの国で話されている英語は同じではありません。有名なのは，オーストラリアでしょう。Today をトゥディではなく，トゥダイと発音するのは有名で，「I go to the hospital today.」というジョークをご存知の方も多いと思います。「発音が下手だから話さない」ではなく，「発音に正解はない。コミュニケーションを図る道具としての英語が大切だ」という気持ちをまずは指導者がもち，英語を積極的に使っていくことが児童の発話意欲の向上にもつながります。

流暢な英語だからよいわけではない！

　「ALT等が話す英語を理解できないのは，聞き手のヒアリング能力がたりないから」と考えてしまう方もいるようです。しかし，日本語に置き換えて考えると，そうではないということが分かるはずです。例えば，日本人の教師は日本語が堪能だと思いますが，児童への説明になると伝わりやすい人とそうではない人がいると思います。つまり，伝わるかどうかには聞き手の能力だけではなく，話し手の能力もかかわってくるということです。

　具体的には，What sport is the most popular in Japan? とALTが流暢に話しても，小学生には伝わりにくいと思います。これを発音よく言おうが，ゆっくり言おうが，結果は同じだと思います。この時，児童が困っている様子を見て，「Sport? No.1? Um...Soccer? Baseball?」と担任が言い換えたり，分かる部分を強調したりすることで児童の理解を助けることができます。

　では，担任が日本語に訳すという手立てはどうでしょうか。児童の困り感に対する手立てとしてよく行われます。もちろん，特別な支援を要する児童への個別対応としては必要でしょう。しかし，全体に対して日本語訳することを続けると，学びに対して受身の姿勢を育ててしまうことになり，主体的で対話的な学びにはなりません。それよりは，分からないという状況に耐え，場面から予想し，やり取りを通して理解を進め，それを繰り返すことで使える英語を児童に身に付けさせることが大切だと思います。

　そのために教師に求められることは，一方的に英語を話すのではなく，児童の様子を見てやり取りをしながら進めるということです。これは，児童の様子がよく分かる担任が強みを発揮できる部分だと思います。

よりよい授業にするポイント

- 発音等に苦手意識があっても，英語を使うようにする！
- 児童が英語を理解できるように言い換える！
- すぐに日本語訳をせず，あいまいさに耐える力を育む！

3章
分かっていれば大丈夫！ 外国語授業の落とし穴

5 ゲームを授業の中心にしない！

「英語嫌いをつくらない」という意識から，小学校英語の授業はゲームが中心となった時期がありました。しかし，グローバル社会を生きていく力を育てるためには，人とかかわるおもしろさが実感できる活動を行うことが大切です。

Hello, everyone!
Today, let's play 3 games!! Yeah!!!!!

Did you enjoy?
English lesson is very fun!!

■「小学校英語＝ゲーム」という感覚を払拭する！

「英語教育改善のための調査研究事業に関するアンケート調査」（文部科学省，2009年度実施）によると，ゲーム活動について「楽しい」と答えた児童は75.1％であり，各種活動の中では一番人気がありました。ただ，そのゲーム人気を超えて，「そう思う」と答えた割合が82.5％というアンケート項目がありました。それは，「英語が使えるようになりたいですか？」という質問です。

この数字から，ゲームによる一時的な楽しさ以上に，「英語が使える」という有用感を児童が求めていると考えることができると思います。指導者の立場で考えても，「ゲームを楽しませること」と「コミュニケーション能力

を伸ばすこと」は少し方向性が違うと気付くはずです。コミュニケーション能力を伸ばすにはゲームを工夫して児童を楽しませるのではなく，実際にコミュニケーションを体験させる必要があることは明らかだと思います。

小学校の英語が教科化されることで「定着」が求められるわけですが，そんな時だからこそ，指導者は「ゲームだけが英語じゃない」ということを心にとめておく必要があると思います。ゲームはいったい何のために行うのかということです。学習の中のアクセントとして取り入れることはよいでしょう。必要な表現を定着させる手段の1つとして取り入れることもよいでしょう。ただ，「小学校英語はゲームをすればいい」というイメージが強いのであれば，それは払拭しておく必要があります。

小学校英語で求められていることは，英語表現をできるだけ多く言えるということではありません。単語をいくつ書けるかということでもありません。英語を使い，思考しながら人とのよりよいかかわり方を学んでいく中で，コミュニケーション能力を育成することです。これは児童が現在でも「英語が使えるようになりたい」と願っているからであり，児童が生きていく未来で必要になる力でもあるはずです。

そのためには，指導者がしっかり授業や単元の中にコミュニケーション場面がある言語活動を位置付けていくことが大切です。

よりよい授業にするポイント

・ゲームを英語授業の中心や目的にしない！
・ゲームが担う役割や目的を考えて効果的に取り入れる！
・授業や単元の中心をコミュニケーション場面がある言語活動にする！

3章
分かっていれば大丈夫！ 外国語授業の落とし穴

6 英語を話したことばかりほめない！

　児童が英語を使う場面を見ると，「Good job!」「いい発音だね！」とほめたくなります。悪いことではありませんが，「英語」にだけ注目するのではなく，英語を使って何を伝えたかという「内容」に注目することで，発話の意欲が高まります。

（活動中）
「『What color do you like?』がうまく言えたね！」
「鈴木くんの発音はとってもいいよ！」
（活動後）
「今日はみんなが英語を積極的に使ってたね！」

ほめることは，評価規準を伝えることになる！

　先生方はあらゆる場面で児童をほめていると思います。そうじをがんばっている，給食時に他の人の手伝いをしている，低学年を助けてあげている等です。それはおそらく，その児童のよさを認めてあげたいという思いがあるからだと思います。しかし，忘れがちになるのが周りの児童の捉え方です。周りの児童にとって先生のほめ言葉は，「ああすることがよいことだ」という評価規準になるという視点を意識しておくことが大切です。

教師が何に反応してほめるかが大事！

　私が研究授業を参観する時の視点の１つがほめ言葉です。「何をほめてい

るか」「どれくらいほめているか」に注意しています。

　「（What sport do you like？に対して）『I like soccer and basketball very much!』って２個も言えてたし，very much も付け加えてすごい！」といったほめ言葉が続くと少し残念に思います。決して悪いわけではありません。ほめ言葉がないよりは，ずっとよいと思います。しかし，先生が「英語が言えたかどうか」ばかりを評価すると，クラス全体としては英語を発話する意欲が下がることがあります。先生が英語をほめる理由としては，おそらく心の中に，「今日の英語は難しいのに，すぐに英語を口に出すなんてすごい！」といった気持ちがあるのだと思います。英語が得意な子はこれを察して意欲を高めますが，「今日の英語は難しい。すぐに英語を口に出すことはできない」と感じている子はどうでしょう。「私はほめられた○○さんのように言うことはできない……」と思ってしまうのではないでしょうか。

　私は，英語をほめるよりも，児童が話した内容に注目することで，英語が苦手な児童の発話する意欲を高めるようにしていました。先の例だと，「（What sport do you like? に対して）え〜っと，Soccer! Soccer!」と答えた児童に対して，「Oh, you like soccer! Me, too!! I like soccer very much!!」と教師が反応するということです。このことで，児童は内容が伝わった喜びを味わいます。これは次の発話への意欲になります。そして，You（I）like soccer. という表現を耳にします。これは，英語表現への気付きや慣れ親しみになります。これをスパイラルに繰り返すことで，児童はコミュニケーションの道具としての英語を身に付け，発話の意欲を高めていくと考えています。

よりよい授業にするポイント

・ほめることで教師の評価規準が児童に伝わることを意識する！
・英語が言えたことばかりをほめない！
・児童が話した内容に教師が興味をもてば，児童は英語で話し出す！

4章 発話や文法が苦手でも大丈夫！ 各内容の授業のつくり方

1 聞き取りが苦手な先生だから分かること！

外国人に道をたずねられても「分かりません」と言ってしまいそう……，ALTの先生が話す英語さえよく分からない……，そんな聞き取りが苦手な教師こそ，クラスの中にいる英語が苦手な児童の気持ちを分かってあげられます！

> 先生は英語が得意ですか？

> 英語は学生の時から苦手でした……特に，英語を「聞くこと」に困っていました。
>
> その場の状況からなんとなく何の話をしているかは分かるけれど，ネイティブの人が話す英語は**単語と単語がくっついていて，知っている単語も知らないもののように聞こえます**（①）。
>
> それに，英語を話され続けると，**途中から全然分からなくなってきてしまいます**……（②）。
>
> だから，英語を「聞くこと」は苦手です。

| 「聞くこと」に関する児童の困り感を減らす手立てを考えよう！ |

●単語を聞き取れないことに困る児童（①）に対する手立て

　教師にはターゲットとする英語表現があるため，どうしてもそれを中心に授業を進めたくなります。そのため，担任やALTのデモンストレーションの後に，「どんなことを話していた？」と聞いてしまいがちです。しかし，逆の立場になり，自分が英語のラジオニュースを聞かされた後，同じようにたずねられたら困りませんか？

　そこで，私はいつも「何が聞こえた？」と問うようにしていました。内容や英語表現を理解する前段階として，音に注目させるわけです。児童からは，「『ワッカラー』って聞こえた！」といった答えが出ます。この意味は問わずに，「確かに言ってた！」と英語を聞いたことを称賛します。児童の「英語を聞こう」という意欲を高めていくわけです。これを続けることで，児童は「前は1個だけ聞こえたけど，今日は3個を目指そう」と自分で目標をもつようになります。慣れ親しみや理解につなげる指導はこの後で十分です。

> 「何が聞こえた？」と聞いてみよう！

●途中から分からなくなる児童（②）に対する手立て

　大人でも英語を聞き続けるのは大変です。特に，途中でひっかかりがあると，それを考えている間に話が次に進んでしまい，意味が分からなくなっていったことがあると思います。新教材の『Let's Try!』や『We Can!』のLet's ListenやLet's Watch and Thinkはまとまりのある英語になっているため，困り感がある児童が出ることが予想されます。

　その困り感を軽減するためには，「何を聞くか」を事前に児童にはっきり示しておくという手立てが考えられます。「まずは，ジョンの好きな食べ物を聞いてみよう」と教師が事前に指示を出して児童の意識を焦点化しておくことで，聞くことが苦手な児童も意欲的に取り組めます。

> 「何を聞くか」を事前に伝えよう！

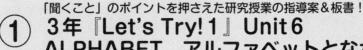

発話や文法が苦手でも大丈夫! 各内容の授業のつくり方

① 「聞くこと」のポイントを押さえた研究授業の指導案&板書!
**3年『Let's Try! 1』Unit 6
ALPHABET アルファベットとなかよし**

●単元目標

・身の回りには活字体の文字で表されているものがあることに気付き,活字体の大文字とその読み方に慣れ親しむ。(知識及び技能)
・自分の姓名の頭文字を伝え合う。(思考力,判断力,表現力等)
・相手に伝わるように工夫しながら,自分の姓名の頭文字を伝えようとする。(学びに向かう力,人間性等)

●言語材料

表現例	(Card "A"), please. Here you are. Thank you. You're welcome.
新出語彙等	大文字(A-Z), card, alphabet, please, here, thank, welcome, 数 (21-30, 0), book, drum, fish, gorilla, hat, ink, jet, king, monkey, notebook, pig, queen, rabbit, sun, tree, umbrella, violin, watch, box, yacht

●本単元と関連する学習指導要領における「聞くこと」の目標

ウ 文字の読み方が発音されるのを聞いた際に,どの文字であるかが分かるようにする。

●単元計画

	目標（■）と主な活動（・）
①	■身の回りにあるアルファベットに興味をもち，活字体の大文字の読み方を知る
	・Let's Watch and Think（22・23ページ） ・身の回りにあるアルファベット探し ・Let's Sing（22・23ページ）
②	■活字体の大文字の読み方を確認し，慣れ親しむ
	・Let's Sing（22・23ページ） ・カード並べ（巻末のカード使用） ・線つなぎ（ワークシート）
③ 本時	■活字体の大文字の読み方に慣れ親しむ
	・Let's Sing（22・23ページ） ・カード並べ（巻末のカード使用） ・Let's Play（24ページ）
④	■自分の姓名の頭文字にあたる大文字を相手に伝えようとする
	・Let's Sing（22・23ページ） ・ビンゴゲーム ・Activity（25ページ）

●本時（第3時）
【目標】活字体の大文字の読み方に慣れ親しむ

	主な活動	指導内容（○）と指導のポイント（・）
1	あいさつ	・全体だけではなく、個別に行うことで慣れさせるようにする。
2	Let's Sing (22・23ページ)	○ABC Songを帯活動として行い、読み方に慣れ親しませる。 ・ただ歌わせるだけではなく、自分の姓名の部分だけは立ちましょうと指示を出しておくことで、「何を聞くか」をはっきりさせ、次時にもつながるようにする。
3	カード並べ	○教師が言う2つのアルファベットをカードの中から選ばせる。 ・2つのアルファベットは教師や担任の姓名の頭文字にしておく。例として担任で行い、その後の数回は校内の別の先生にすることで、興味をもって聞かせるようにする。
4	Let's Play (24ページ)	○アルファベットの仲間分けをさせる。 ・「分ける」という指示が基本ではあるが、それだけではうまく分けられない児童が出ることも考えられる。その場合は、「この仲間を見つけましょう」と声をかけることで、全体を見ての分類が苦手な児童も仲間づくりという視点で参加できるようにする。
5	文字集め	○Let's Playで行った仲間分けをもとにして、カードを集めさせる。 ・「Hello. "A", please.」と言わせるとともに、「Here you are.」と言った後、「Why?」とたずねさせることで、仲間分けの理由を伝え合う場をつくる。
6	ふりかえり	・ただ感想を書かせるのではなく、アルファベットの形についての自分の考えや友だちの仲間分けについて気付いたことを中心に書くように指示を出す。

● 板書例（第3時）

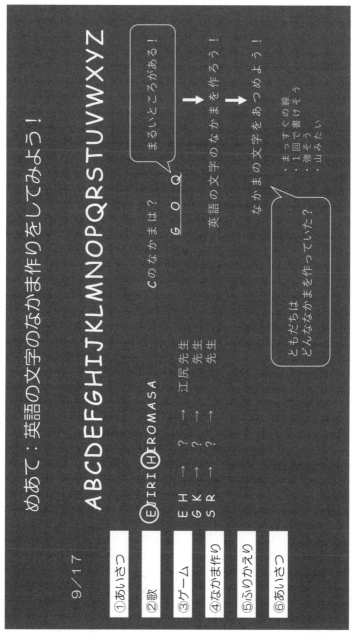

【指導のポイント】
・単元最後の授業で自分の姓名のアルファベットを紹介することを意識させた活動を行う！
・なかまづくりに取り組みやすいように、まずは最初に全員で例に取り組む！

4章

発話や文法が苦手でも大丈夫！ 各内容の授業のつくり方

「聞くこと」のポイントを押さえた研究授業の指導案＆板書！

② 4年『Let's Try! 2』Unit 5 Do you have a pen? おすすめの文房具セットをつくろう

●単元目標

・文房具などの学校で使うものや，持ちものをたずねたり答えたりする表現に慣れ親しむ。（知識及び技能）
・文房具などの持ちものについて，たずねたり答えたりして伝え合う。（思考力，判断力，表現力等）
・相手に配慮しながら文房具などの持ちものについてたずねたり答えたりしようとする。（学びに向かう力，人間性等）

●言語材料

表現例	Do you have (a pen)? Yes, I do. / No, I don't. I [have / don't have] (a pen). This is for you.
新出語彙等	have, 身の回りのもの (glue stick, scissors, pen, stapler, magnet, marker, pencil sharpener, pencil case, desk, chair, clock, calendar)，状態・気持ち (short)

●本単元と関連する学習指導要領における「聞くこと」の目標

　イ　ゆっくりはっきりと話された際に，身近で簡単な事柄に関する基本的な表現の意味が分かるようにする。

●単元計画

	目標（■）と主な活動（・）
①	■文房具等の英語での言い方を知る ・Let's Watch and Think 1 （18ページ） ・Let's Play 1 （19ページ） ・ポインティング・ゲーム
②	■文房具等の英語での言い方に慣れ親しみ，持っているかたずねたり答えたりする表現を知る ・ポインティング・ゲーム ・Let's Chant （19ページ） ・Let's Listen （20ページ）
③ 本時	■自分が持っている文房具等について伝え合う ・Let's Chant （19ページ） ・Let's Watch and Think 2 （20ページ） ・Let's Play 2 （21ページ）
④	■相手に配慮して考えた文房具セットについて伝え合う ・Let's Chant （19ページ） ・Let's Watch and Think 2 （20ページ） ・Activity （21ページ）

4章　発話や文法が苦手でも大丈夫！　各内容の授業のつくり方

●本時（第3時）
【目標】自分が持っている文房具等について伝え合う

	主な活動	指導内容（○）と指導のポイント（・）
1	あいさつ	・全体だけではなく、個別に行うことで慣れ親しませるようにする。
2	Let's Chant (19ページ)	○「Do you have a pen?」を使い、持っているかたずねる表現に慣れ親しませる。 ・ただ歌わせるだけではなく、2人1組で行わせるようにして、片方がたずねる役、もう片方が答える役として、英語でのやり取りをイメージできるようにする。
3	Let's Watch and Think 2 (20ページ)	○世界の小学生がかばんの中に持っているものを知り、気付いたことを記入する。 ・まず、隣の児童と持ちものチェックをさせる。学校のルール等に合わせ、「Do you have 5 pencils?」と全体にたずね、確認すると現実的になる。その後、教師が「Do you have 5 pencils?」「I have 5 pencils.」と全体にたずね、何人かの児童と「How many pencils do you have?」「I have 5 pencils.」とやり取りを行い、聞き取る英語表現に慣れ親しませる。その後、映像の小学生について、「Does he have 5 pencils?」「Does he have an apple?」とたずね、持ちものを予想させながら、相手意識をもたせる。その後に視聴させることで児童の聞く意欲が高まる。
4	Let's Play 2 (21ページ)	○ペアと同じ文房具セットをつくらせる。 ・相手に質問をして同じセットをつくらせるが、ただつくって終わりではなく、例えば消しゴムがない場合は「Here you are.」と渡して終わる例を出し、相手意識をもたせられるようにする。
5	ふりかえり	・ただ感想を書かせるのではなく、他国の小学生の持ちものについて気付いたことを中心に書くように指示を出す。

●板書例（第3時）

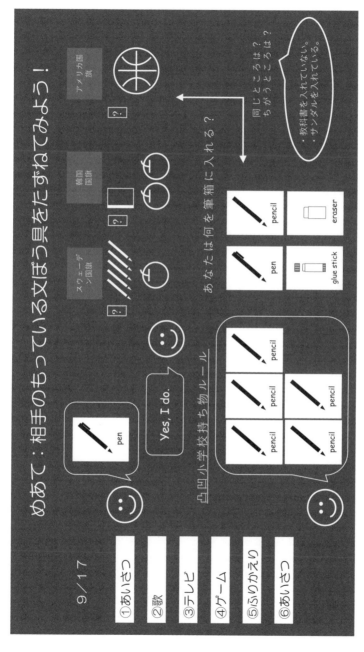

【指導のポイント】
・チャンツでは、やり取りがイメージできるように黒板で役割を可視化する！
・聞く必然性をもたせるために、学校のルールや他国との比較という具体的な視点をもたせる！

4章 発話や文法が苦手でも大丈夫！ 各内容の授業のつくり方

4章 発話や文法が苦手でも大丈夫！ 各内容の授業のつくり方

「聞くこと」のポイントを押さえた研究授業の指導案＆板書！

③ 5年『We Can! 1』Unit 1 Hello, everyone. アルファベット・自己紹介

●単元目標

・活字体の大文字や，好きなものやほしいものについてたずねたり答えたりする表現が分かる。（知識及び技能）
・自分のことや身近なことについて，短い会話や説明を聞いて概要を捉えたり，好きなものやほしいものについてたずねたり答えたりする。（思考力，判断力，表現力等）
・他者に配慮しながら自身の名前や好きなもの，ほしいものなどを含めて簡単な自己紹介をしようとする。（学びに向かう力，人間性等）

●言語材料

表現例	Hello, I'm (Saki). Nice to meet you. My name is (Kosei). How do you spell your name? K-O-S-E-I. I [like / don't like] (blue). What (sport) do you like? I like (soccer) very much. I want (a new ball).
新出語彙等	nice, to, meet, spell, new, very, much, class, badminton, chocolate, lettuce, name, animal, watch, think

●本単元と関連する学習指導要領における「聞くこと」の目標

> イ　ゆっくりはっきりと話されれば，日常生活に関する身近で簡単な事柄について，具体的な情報を聞き取ることができるようにする。

●単元計画

	目標（■）と主な活動（・）
①	■好きなものを言ったり聞いたりすることができる ・Let's Listen 1（4ページ）　・Let's Play 1（4ページ）
② 本時	■何が好きかをたずねたり答えたりできる ・Let's Listen 2（5ページ）　・Let's Play 2（4ページ） ・Let's Watch and Think 1（2・3ページ）
③	■相手意識をもって好きなものをたずねることができる ・Let's Play 3（5ページ）　・Let's Read and Write
④	■相手がほしいものを聞き，活字体で名前を書くことができる ・Let's Listen 3（6ページ） ・Let's Watch and Think 1（2・3ページ）
⑤	■相手がほしいものを聞き，活字体を読むことができる ・Let's Watch and Think 2（7ページ）　・Let's Play 4（6ページ）
⑥	■ほしいものや好きなものを聞き取ることができる ・Let's Watch and Think 2（7ページ）　・Activity（8ページ）
⑦	■自己紹介をして好きなものやほしいものを伝え合うことができる ・Activity（8ページ）　・Sounds and Letters
⑧	■他者に配慮しながら自己紹介をすることができる ・Activity（8ページ）　・STORY TIME（9ページ）

●本時（第2時）

【目標】何が好きかをたずねたり答えたりできる

	主な活動	指導内容（〇）と指導のポイント（・）
1	あいさつ	・全体だけではなく、個別に行うことで慣れ親しませるようにする。
2	Small Talk	〇教師が名前のスペルを伝えるとともに、誰の名前かをクイズとして出す。 ・「I'm Ejiri. E-J-I-R-I. 5 letters.」と確認した後、「6 letters. Who am I?」と問いかけ、「Do you have "A"?」と児童に問いかけさせる。「Yes. I have "A".」とやり取りをして名前をあてさせるようにする。既習表現を使って「何を聞くか」をはっきりさせ、クイズの答えになった児童に「What do you like?」と聞くことで次の活動につなげるようにする。
3	Let's Listen 2 (5ページ)	〇テキストに興味をもたせ、好きなものが何かを聞き取らせる。 ・児童の実態に応じて、「クリスティーナはスポーツが好きなんだけど、何のスポーツだと思う？」と事前情報を与え、興味をもたせたうえで「何を聞くか」をはっきりさせてから聞かせるようにする。答え合わせは、「Does Christina like soccer? She likes......」とやり取りをしながら児童の発話を引き出すようにする。
4	Let's Play 2 (4ページ)	〇友だちの好きなものを予想してたずねたり答えたりさせる。 ・Let's Play 1の内容を確認してから行い、安心して取り組ませるようにする。
5	Let's Watch and Think 1 (2・3ページ)	〇身の回りで英語が使われている場面を確認し、学ぶ意欲を高める。 ・順番通りではなく、児童に選択させたり実態に合わせたものを視聴させる。
6	ふりかえり	・たずねた相手が答えた好きなものについて、自分が気付いたことや考えたことを書くように指示を出す。

●板書例(第2時)

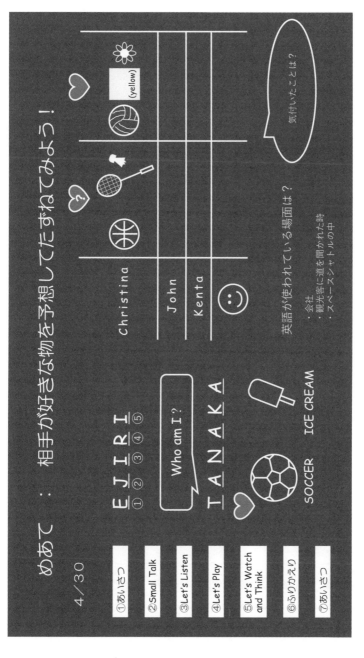

【指導のポイント】
・Small Talk, Let's Listen では, 「何を聞くか」をはっきりさせてから取り組ませるようにしよう！
・ふりかえりでは, 自分がたずねた相手の好きなものが自分の予想と比べてどうだったかを書かせよう！

4章 発話や文法が苦手でも大丈夫！ 各内容の授業のつくり方

4章
発話や文法が苦手でも大丈夫！ 各内容の授業のつくり方

「聞くこと」のポイントを押さえた研究授業の指導案＆板書！

④ 6年『We Can! 2』Unit 9 Junior High School Life 中学校生活・部活動

● 単元目標

- 中学校の部活動や学校行事についての表現が分かる。（知識及び技能）
- 中学校で入りたい部活や楽しみな行事などについて，自分の考えや気持ちを伝え合ったり，例を参考に，中学校で入りたい部活や楽しみな行事などについて，簡単な語句や基本的な表現を用いて自分の考えを書く。（思考力，判断力，表現力等）
- 他者に配慮しながら中学校生活について発表したり，書かれたものを読んだり書いたりしようとする。（学びに向かう力，人間性等）

● 言語材料

表現例	I like (basketball). I want to join the (basketball team). What club do you want to join? I want to enjoy (sports day). What event do you want to enjoy? I want to [study hard /read many books /make many friends].
新出語彙等	member, team, practice, meet, join, junior, high, us, event, uniform, test

● 本単元と関連する学習指導要領における「聞くこと」の目標

　ア　ゆっくりはっきりと話されれば，自分のことや身近で簡単な事柄に

ついて，簡単な語句や基本的な表現を聞き取ることができるようにする。

●単元計画

	目標（■）と主な活動（・）
①本時	■中学校生活についての話を聞き取ることができる ・Let's Watch and Think 1・2（66・67・68ページ） ・Let's Listen 1（68ページ）
②	■入りたい部活をたずねたり答えたりできる ・Let's Watch and Think 3（69ページ） ・Let's Read and Write（72ページ）
③	■中学校で楽しみにしている学校行事を言うことができる ・Let's Watch and Think 4（70ページ） ・Let's Read and Write（72ページ）
④	■学校行事についてたずねたり答えたりできる ・Let's Watch and Think 2・3・4（復習） ・Let's Read and Write（復習）
⑤	■中学校と小学校の学校行事等の違いを聞き取ることができる ・Let's Watch and Think 5（70ページ） ・Let's Read and Write（72ページ）
⑥	■中学校生活についてのスピーチ原稿を読んだり書いたりする ・Let's Listen 4（71ページ） ・Activity（72ページ）
⑦	■中学校生活について自分でスピーチ原稿を書くことができる ・Let's Listen 4（71ページ） ・Activity（72ページ）
⑧	■他者に配慮しながら，中学校生活についてスピーチができる ・Activity（72ページ） ・STORY TIME（73ページ）

● 本時（第1時）

【目標】中学校生活についての話を聞き取ることができる

	主な活動	指導内容（○）と指導のポイント（・）
1	あいさつ	・全体だけではなく、個別に行うことで慣れ親しませるようにする。
2	Let's Watch and Think 1 （66・67ページ）	○中学校生活への興味を高め、既習の英語を聞き取らせる。 ・ただ視聴させるのではなく、事前に小学校と中学校の違いについて児童から意見を出させるようにする。それを板書に位置付けたうえで視聴させる。また、児童の実態に応じて、全てに一度に聞かせるよりも、教科担任制・体育祭・部活動のそれぞれに分けて、「何が聞こえた？」とたずね、それを事前に示した板書と関連付けることで、英語を聞き取れて内容が理解できたという達成感を児童にもたせることができる。
3	Let's Watch and Think 2 （68ページ）	○中学校の部活についての話を聞き、部員数や活動曜日を聞き取らせる。 ・「何人所属か」「何曜日に活動しているか」等、事前に「何を聞くか」をはっきり指示しておく。デジタル教材視聴後、進学先の中学校の部活の現状を紹介することで児童の興味・関心をさらに高めることができる。
4	Let's Listen 1 （68ページ）	○部活に入りたい理由を聞き取らせ、単元最後のスピーチへの見通しをもたせる。 ・事前に、何部に入りたいと話すかを予想させてから視聴させる。「何が聞こえた？」とたずね、それを板書に位置付ける。最後にその板書をもとにして教師がスピーチのように読み、単元末への見通しをもたせるようにする。
5	ふりかえり	・単元末のスピーチでどんなことを話したいかを書くように指示を出す。

●板書例（第1時）

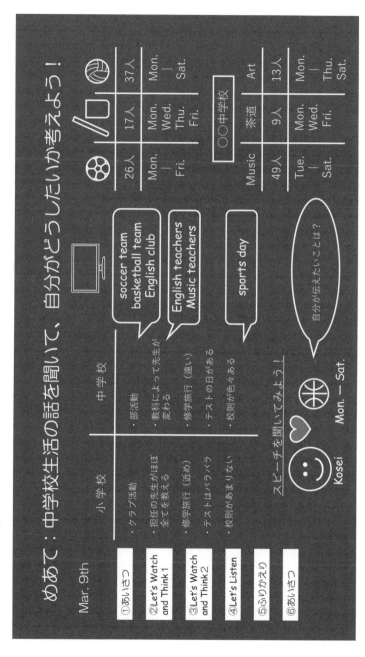

4章 発話や文法が苦手でも大丈夫！ 各内容の授業のつくり方

4章 発話や文法が苦手でも大丈夫！ 各内容の授業のつくり方

2 やり取りが苦手な先生だから分かること！

言いたいことを英語にできない……，自分の発音がよくない……，だから英語でのやり取りに自信がない……，そんな発話が苦手な教師こそ，クラスの中にいる英語が苦手な児童の気持ちを分かってあげられます！

先生は英語が得意ですか？

英語は学生の時から苦手でした……特に，英語で「やり取りすること」に困っていました。

英語で話しかけられた時，質問に対する答えが頭の中に**日本語ではうかんだとしても，それを英語に変えることができなくて，口から言葉が出ないので会話が続きません**……（①）。

だからいつも，**分かったふりをして何もしないまま時間が過ぎるのを待ってしまいます**（②）。

だから，英語で「やり取りすること」は苦手です。

「やり取りすること」に関する児童の困り感を減らす手立てを考えよう！

●言いたいことを英語にできない児童（①）に対する手立て

　教師でも英語を話すことに苦手意識をもっている人は多いと思います。私はその理由が，学生時代の英訳問題にあると思っています。「私のお気に入りのTシャツはこれです」の英訳では，「My favorite」という表現を使わなければ，間違いや減点になるというものです。しかし，コミュニケーション場面で考えると，この表現だけでしか伝わらないわけではありません。言い換えることで，相手に自分の思いを伝えることはできるわけです。

　そこで私は，「言いたいことを言い換えて伝える」という活動を大切にしていました。また，「どう言えば伝わるか」をクラス全員で考える時間を設け，「そんな言い方もあるんだ。クラスみんなが大丈夫って言ったから使ってみよう！」と自信をもたせるようにしていました。正しい英語より，伝わる英語を優先することで，児童は話す意欲を高めていきます。

> 伝わる英語を考える活動や共通理解する場を設けよう！

●何もせずに待つだけの児童（②）に対する手立て

　日本では，静かに先生の話を聞く児童はあまり問題になりませんが，外国では質問や討論をしない児童は学習に参加していないということで教師が保護者に対して心配だと相談することがよくあると聞きます。内容を理解しているかどうかが分からないからです。英語の授業では特に教師が話す英語が分かっていなくても何もしない児童が多いように思います。そこで私は内容確認の際，「OK?」という言葉をあまり使わないようにしていました。分かっていなくても「Yes」と答えるからです。かわりに「First, ○○. Second?」と具体的な行動を聞くようにしていました。分からないまま「Yes」と同意する場を減らし，英語でのやり取りを通して理解する場面を増やしていくことで，分からない時に確認できるようになっていくと思います。

> OK? ではなく，具体的な行動を確認しよう！

4章 発話や文法が苦手でも大丈夫！ 各内容の授業のつくり方

「話すこと[やり取り]」のポイントを押さえた研究授業の指導案＆板書！

① 3年『Let's Try! 1』Unit 4 I like blue. すきなものをつたえよう

●単元目標

- 多様な考え方があることや，音声やリズムについて外来語を通して日本語と英語の違いに気付き，色の言い方や，好みを表したり好きかどうかをたずねたり答えたりする表現に慣れ親しむ。（知識及び技能）
- 自分の好みを伝え合う。（思考力，判断力，表現力等）
- 相手に伝わるように工夫しながら，自分の好みを紹介しようとする。（学びに向かう力，人間性等）

●言語材料

表現例	I like (blue). Do you like (blue)? Yes, I do. / No, I don't. I don't like (blue).
新出語彙等	like, do, don't, 色 (red, blue, green, yellow, pink, black, white, orange, purple, brown), スポーツ (soccer, tennis, baseball, basketball, dodgeball, swimming), 飲食物 (ice cream, pudding, milk, orange juice), 野菜 (onion, green pepper, cucumber, carrot), who, touch, rainbow

● 本単元と関連する学習指導要領における
　「話すこと［やり取り］」の目標

> イ　自分のことや身の回りの物について，動作を交えながら，自分の考えや気持ちなどを，簡単な語句や基本的な表現を用いて伝え合うようにする。

● 単元計画

	目標（■）と主な活動（・）
① 本時	■多様な考え方があることに気付き，色の言い方や好きなものを表す表現を知る
	・Activity 1 （14・15ページ） ・Let's Watch and Think 1 （14・15ページ） ・教師の好きな色紹介
②	■外来語を通して，英語と日本語の違いに気付く
	・Let's Listen 1 （16ページ） ・Let's Sing "The Rainbow Song"（15ページ） ・Let's Listen 2 （16ページ）
③	■好きかどうかたずねたり答えたりする表現に慣れ親しむ
	・Let's Listen 3 （16ページ） ・Let's Watch and Think 2 （17ページ） ・Let's Play （17ページ）
④	■相手に伝わるように自分の好みを紹介しようとする
	・Let's Sing "The Rainbow Song"（15ページ） ・Let's Chant （15ページ） ・Activity 2 （17ページ）

●本時（第1時）
【目標】多様な考え方があることに気付き、色の言い方や好きなものを表す表現を知る

	主な活動	指導内容（○）と指導のポイント（・）
1	あいさつ	・全体だけではなく、個別に行うことで慣れ親しませるようにする。
2	Activity 1 (14・15ページ)	○色を表す英語表現に慣れ親しませる。 ・テキストにあるものについて、「What's this?」とたずねて興味をもたせる。虹については、「What color?」と問いながら、教師は一般的ではない色や順を板書に示し、児童に自分で塗りたいという意欲をもたせてから色を塗らせるようにする。
3	Let's Watch and Think 1 (14・15ページ)	○動画を視聴し、多様な考え方があるということを伝える。 ・児童に虹紹介を行わせ、教師は色を表す英語表現を伝えながら、いくつかの色のパターンを板書に示す。その後、ペアで紹介し合い、違いがあることを相違点に気付かせる。Let's Watch and Think 1 を視聴させながら、さらに相違点に気付かせる。色数や順を確認した後、実際の虹の写真を見せて「本当に7色？」と問いかけ、自分たちにも思い込みの部分があるのではと問いかける。また、大やニワトリの鳴き声についても日本と他国を比較させることで、多様な考え方に出合わせるようにする。
4	教師の好きな色紹介	○好きなものを表す表現「I like ～.」に出合わせる。 ・黒板の虹カードを使って色の英語表現を確認し、「I like red. Do you like red? Yes? No?」とやり取りしながら、何度も「I like ～.」という表現を聞かせるようにする。
5	ふりかえり	・虹の色や鳴き声の違いなど、多様な考え方について書くように指示を出す。

98

●板書例（第1時）

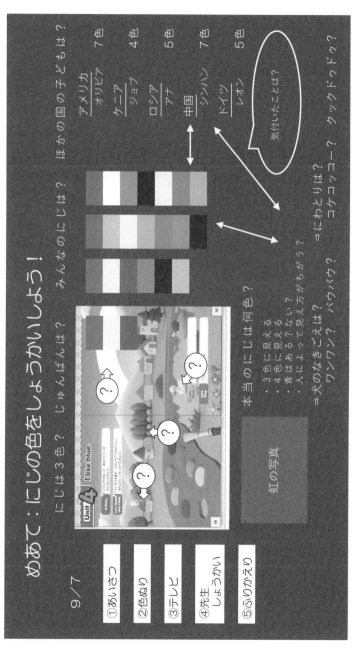

【指導のポイント】
・他国の虹の色については、ステレオタイプにならないように個人の多様性の視点でまとめるようにする！
・先生紹介では、「I like ～.」を何度も使って慣れ親しませて、次時につなげるようにする！

4章

発話や文法が苦手でも大丈夫！ 各内容の授業のつくり方

「話すこと[やり取り]」のポイントを押さえた研究授業の指導案＆板書！

② 4年『Let's Try! 2』Unit 2 Let's play cards. すきな遊びをつたえよう

● 単元目標

- 世界と日本の遊びの共通点と相違点を通して，多様な考え方があることに気付くとともに，様々な動作，遊びや天気の言い方，遊びに誘う表現に慣れ親しむ。（知識及び技能）
- 好きな遊びについてたずねたり答えたりして伝え合う。
（思考力，判断力，表現力等）
- 相手に配慮しながら，友だちを自分の好きな遊びに誘おうとする。
（学びに向かう力，人間性等）

● 言語材料

表現例	How's the weather? It's [sunny / rainy / cloudy /snowy]. Let's (play cards). Yes, let's. Sorry. Stand up. /Sit down. /Stop. /Walk. / Jump. /Run. /Turn around.
新出語彙等	天気（weather, sunny, rainy, cloudy, snowy), hot, cold, 動作（stand, sit, stop, jump, turn, walk, run, look, put), up, down, on, around, right, left, let's, play, hand, leg, 遊び（tag, jump rope, bingo, game), outside, inside 衣類（T-shirt, shorts, sweater, pants, raincoat, rain boots, gloves, boots)

● 本単元と関連する学習指導要領における
　「話すこと［やり取り］」の目標

> イ　自分のことや身の回りの物について，動作を交えながら，自分の考えや気持ちなどを，簡単な語句や基本的な表現を用いて伝え合うようにする。

● 単元計画

	目標（■）と主な活動（・）
①	■世界の遊びの相違点等に気付き，天気や遊びの言い方を知る ・Let's Chant "How's the weather?"（6ページ） ・日本の遊びチェック（6・7ページ） ・Let's Watch and Think 1（6・7ページ）
②	■動作を表す語句や遊びに誘う表現を知る ・Let's Listen 1（8ページ） ・Let's Sing "Rain, rain, go away"等（6ページ） ・Let's Listen 2（8ページ）
③	■好きな遊びについてたずねたり答えたりして伝え合う ・Let's Listen 3（9ページ） ・Let's Watch and Think 2（9ページ） ・Let's Sing "Rain, rain, go away"等（6ページ）
④ 本時	■相手に配慮しながら遊びに誘おうとする ・Let's Chant "How's the weather?"（6ページ） ・Let's Sing "Rain, rain, go away"等（6ページ） ・Activity（9ページ）

●本時（第4時）

【目標】相手に配慮しながら遊びに誘おうとする

	主な活動	指導内容（○）と指導のポイント（・）
1	あいさつ	・全体だけではなく、個別に行うことで慣れ親しませるようにする。
2	Let's Chant (6ページ)	○天気をたずねたり、答えたりする表現に慣れ親しませる。 ・教師と児童、または児童同士で、たずねる側と答える側に分かれて歌うように、お互いに向き合って歌うことで、実際のやり取りのイメージができるようになる。
3	Let's Sing (6ページ)	○晴天を願う気持ちを込めて歌わせる。 ・単元に「運動場でする学級遊びを考えよう」という目的を設定しておくこと。そのうえで、当日が「It's rainy today. So we can't play.」という設定の話をする。「雨になるとできない」→「雨になってほしくない」という思考になり、気持ちを込めて歌うことができる。
4	Activity (9ページ)	○学級遊びで希望する遊びの傾向をつかませる。 ・前活動と対比させて、「It's sunny today. So we can play!」という話をする。「What do you want to do? Let's ask each other!」と投げかけ、「I like soccer. Do you like soccer?」とやり取りの例を見せる。実際にやらせる中で、相手に配慮している姿や希望する遊びを見つけようと多くの質問をしている児童を見取り、それを全体に広げる時間を間に設ける。1〜2回行い、よいかかわりを広げるようにする。
5	ふりかえり	・たずねた結果とともに、よいかかわりについて気付いたことを書くように指示する。

102

● 板書例（第4時）

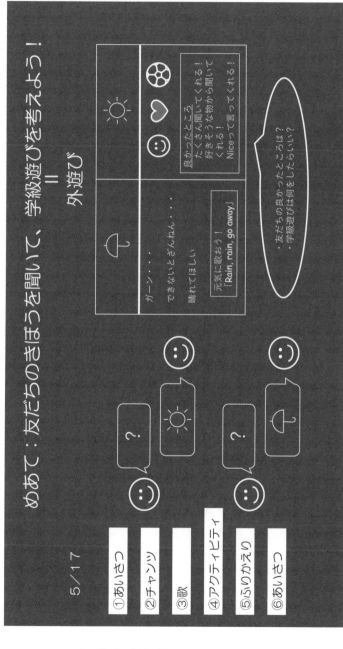

[指導のポイント]
・チャンツや歌でのやり取りが意識できるように、役割分担と場面設定をしっかり行おう！
・Activityでは教師や児童がよいところを発表する時間を途中に設けて取り組みの改善を図るようにしよう！

4章 発話や文法が苦手でも大丈夫！ 各内容の授業のつくり方

「話すこと[やり取り]」のポイントを押さえた研究授業の指導案＆板書！

③ 5年『We Can!1』Unit 6
I want to go to Italy.
行ってみたい国や地域

●単元目標

・国名や行きたい場所について，聞いたり言ったりすることができる。また，それらを書き写すことができる。（知識及び技能）
・行きたい国や地域について理由も含めて伝え合う。（思考力，判断力，表現力等）
・他者に配慮しながら，行きたい国や地域について説明したり，自分の考えを整理して伝え合ったりする。（学びに向かう力，人間性等）

●言語材料

表現例	Where do you want to go? I want to go to (Italy). Why? I want to [see / go to / visit] (the Colosseum). I want to eat (spaghetti). I want to buy (a soccer ball). You can (play soccer). It's (cool).
新出語彙等	国 (Australia, Peru, Thailand, the UK, the USA, Japan, Italy, Egypt, Germany, Canada, Spain, France, Brazil, China, Korea, Russia, India), 状態を表す語 (beautiful, delicious, popular, exciting, cute), 施設 (museum, temple, shrine, park, zoo, bridge), where, 動作 (visit, buy, drink, eat)

●本単元と関連する学習指導要領における「話すこと［やり取り］」の目標

> イ 日常生活に関する身近で簡単な事柄について，自分の考えや気持ちなどを，簡単な語句や基本的な表現を用いて伝え合うことができるようにする。

●単元計画

	目標（■）と主な活動（・）
①	■世界遺産等の話を聞き取り，国名を書くことができる ・Let's Watch and Think 1 （42・43ページ） ・Let's Read and Write
② 本時	■行きたい国を聞いたり言ったりすることができる ・Let's Watch and Think 1 （42・43ページ）　・Let's Talk
③	■どこの国に行きたいかをたずねたり答えたりできる ・Let's Watch and Think 2 （44ページ）　・Activity（44ページ）
④	■自分がおすすめする国を伝え合う ・Let's Watch and Think 3 （45ページ）　・Activity（44ページ）
⑤	■音声で慣れ親しんだ簡単な語句を読む ・Let's Watch and Think 4 （46ページ）・Let's Read and Write
⑥	■他者に伝える目的をもって書き写す ・Activity（44ページ）　・Let's Read and Write
⑦	■他者に配慮しながら，おすすめの国について伝えようとする ・おすすめの国を紹介し合う
⑧	■他者に配慮しながら，おすすめの国について伝えようとする ・行きたい国ランキング　・STORY TIME（49ページ）

●本時（第２時）

【目標】行きたい国を聞いたり言ったりすることができる

	主な活動	指導内容（○）と指導のポイント（・）
1 2	あいさつ Let's Watch and Think 1 (42・43ページ)	○前時の聞き取りメモをもとにして、やり取りをしながらテキストの国や特徴を確認する。 ・写真を指して「What's this?」と問い、「Yes! Statue of Liberty!」と反応し、「You can see the Statue of Liberty in...」と言い、国名を引き出す。また、「Do you want to see the Statue of Liberty?」とたずね、やり取りしながら内容を確認する。
3	Let's Chant "Where do you want to go?" (43ページ)	○名所や食べ物を聞き取らせるとともに、英語表現に慣れ親しませる。 ・「建物や食べ物を聞き取ろう」と知らせ、「何を聞くか」を焦点化する。その後、「何が聞こえた？」とたずね、それを板書し、「What country?」と問う。最後に、「You can see the Eiffel Tower in France. Do you want to see the Eiffel Tower?」と前の活動と同様の表現を使い、英語表現に慣れ親しませるようにする。
4	Let's Talk	○その国に行きたいかをたずねたり答えたりする表現に慣れ親しませる。 ・名所等を写真で示し、「What country?」とたずねて国名を確認する。数か国紹介するごとに、「I want to go to Brazil. What country do you want to go?」と何度もたずねて英語表現に慣れ親しませてから、最後は児童同士でたずね合う経験をさせる。
5 6	Let's Read and Write ふりかえり	○行きたい国を書き写し、声に出して読ませる。 ・まず教師に行きたい国をたずねさせ、「I want to go to Brazil.」と答えながら、黒板に書いて理由を答える。次に教師が児童にたずね、同様に書き写させるようにする。

106

●板書例（第2時）

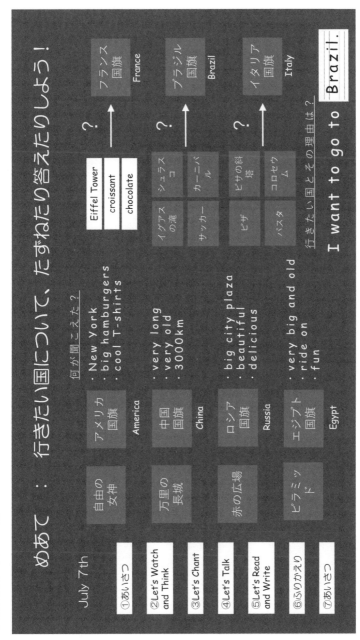

【指導のポイント】
・②③④の活動の流れを同じ形式にすることで児童の理解が進むようにしよう！
・最後の活動は行きたい国をやり取りしながら書き写し、理由も伝え合うようにしよう！

4章 発話や文法が苦手でも大丈夫！ 各内容の授業のつくり方

4章 発話や文法が苦手でも大丈夫！ 各内容の授業のつくり方

「話すこと[やり取り]」のポイントを押さえた研究授業の指導案＆板書！

④ 6年『We Can! 2』Unit 3 He is famous. She is great. 人物紹介

● 単元目標

- 「主語＋動詞＋目的語」の文の語順に気付き，自分や第三者について聞いたり言ったりすることができる。（知識及び技能）
- 語順を意識して，自分やある人について紹介したり，例を参考に紹介する文を書いたりする。（思考力，判断力，表現力等）
- 他者に配慮しながら，第三者について伝え合おうとする。
（学びに向かう力，人間性等）

● 言語材料

表現例	I am (Ken). I [like /play] (baseball). I [have / want] (a new ball). I eat (spaghetti). I study (math). I can [swim/ cook / skate / ski / sing /dance]. I can (play baseball well). Who is this? [He/ She] is [famous / great].
新出語彙等	famous, live, bat, racket, nut, computer, sneakers

● 本単元と関連する学習指導要領における
　「話すこと [やり取り]」の目標

> イ　日常生活に関する身近で簡単な事柄について，自分の考えや気持ちなどを，簡単な語句や基本的な表現を用いて伝え合うことができるようにする。

● 単元計画

	目標（■）と主な活動（・）
①	■自分が好きなものやことを伝え合う ・Let's Play 3（20・21ページ）　Let's Talk
②	■自分が日頃していることについて伝え合う ・Let's Watch and Think 1（18・19ページ）　・Let's Talk
③	■主語＋動詞＋目的語の語順に気付く ・Let's Listen 1（24ページ） ・Let's Watch and Think 2（22ページ）
④	■単語間のスペースと語順を意識して書き写すことができる ・Let's Watch and Think 3（23ページ）　・文をつくろう
⑤	■情報を聞き取り，それについて書き写すことができる ・Let's Listen 2（24ページ）　・文をつくろう
⑥	■ある人物になりきって説明したり，理解したりする ・Let's Listen 2（24ページ）　・Activity（24ページ）
⑦	■ある人物について，例を参考に紹介文を書く ・Activity（24ページ）
⑧ 本時	■他者に配慮しながら，第三者について伝え合おうとする ・Activity（24ページ）　・STORY TIME（25ページ）

● 本時（第8時）

【目標】他者に配慮しながら、第三者について伝え合おうとする

	主な活動	指導内容（○）と指導のポイント（・）
1 2	あいさつ Activity (24ページ)	○「チャレンジ Who's this? Quiz」を行い、慣れ親しんだ英語を推測して読んだり、英語でやり取りをしたりして、英語表現を活用させる。 ・Let's Listen 等で音声に慣れ親しませたヒントについては、文字で出題させるため、慣れ親しみには個人差があるので、個人ではなく、協力して読むように促す。そして、推測して読ませた情報について英語でたずねさせる→全員で「Can you fly?」とたずねる。出題者がYesやNoで答えることで、読んだ内容が適切だったかどうかが確認でき、やり取りにもなる。答えに関連する質問を解答者が出題者にすることも考えられる。その延長で、即興性のあるやり取りに入れることで、英語表現の活用場面になる。
3	STORY TIME (25ページ)	○ライム（押韻）を通して音への気付きを高める。 ・「何度も聞こえる音に注意して聞こう」と、何を聞くかを焦点化してからデジタル教材を聞かせる。2回目は、よく聞こえる音の文字に印を付けさせる。ペアやグループでどこに印を付けたか確認させ、3回目は、言えそうな児童にはデジタル教材に合わせて言わせながら、印の部分で手をたたかせるようにする。
4	ふりかえり	・「読めた英語にはどんなものがあった？」とたずね、それについて書かせ、気付いたことを付け加えさせるようにすることで音と文字の関係を言語化させる。

●板書例（第8時）

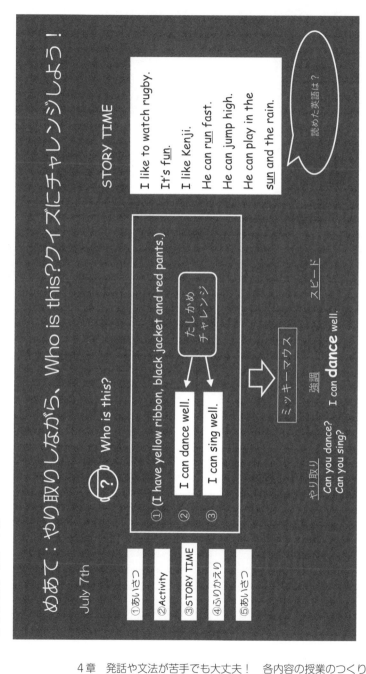

【指導のポイント】
・文字を読むことにチャレンジさせた後、たしかめの質問をさせることで内容理解の確認をさせる！
・STORY TIMEで文字に印を付け、ふりかえりで言語化させることで音との関係に気付かせる！

4章 発話や文法が苦手でも大丈夫！ 各内容の授業のつくり方

3 発表が苦手な先生だから分かること！

　英語の発音に自信がない……，人前で発表することに抵抗がある……，発表が苦手な教師こそ，クラスの中にいる英語が苦手な児童の気持ちを分かってあげられます！

先生は英語が得意ですか？

　英語は学生の時から苦手でした……特に，英語で「発表すること」に困っていました。

　英語で発表する時，どうしても**カタカナ英語から脱却できなくて，ネイティブのような英語の音が口から出てきません**……（①）。

　それなのに，**シーンとした雰囲気の中で自分だけが英語を話し，周りが私の英語に注目するなんてプレッシャーが大きすぎます**……（②）。

　だから，英語で「発表すること」は苦手です。

「発表すること」に関する児童の困り感を減らす手立てを考えよう！

●発音を気にする児童（①）に対する手立て

　発音が悪いと伝わらないというのは，教師の思い込みが大きいと私は思います。実際のコミュニケーション場面では伝わることが多いですし，そもそも英語を話す国でも発音が異なる語は多くあります。大切なのは，相手に伝えようという気持ちと言葉以外も利用して伝えるということです。

　ただ，英語の音を身に付けようとする姿勢は大切です。そのために，「白は英語で"ホワイト"でしょ」と教師があえてカタカナ英語を意識して使い，それをALTに「No. It's "White".」と英語の音に言い換えてもらうことで，音に注目させることができます。児童はALTの発音に注目して聞き，その音を意識して発話するようになります。さらにその意欲を高めるために，教師は児童が英語の音を意識している場面を称賛していくことが大切です。

> 教師のカタカナ英語で音に関する感性を高めよう！

●自分の英語に注目されることを不安に思う児童（②）に対する手立て

　英語に自信がないにもかかわらず，それをみんなの前で話すのは大変なプレッシャーになると思います。それを軽減するために大切なことは，聞き手に与える視点です。例えば自己紹介を一人ひとりがする場合，教師が聞き手に「英語を話せているか聞こう」と言えば英語に注目しますが，「何を話しているか聞いて，自分と同じか違うか考えてみよう」と言えば，聞き手の意識が内容に向きます。その時に，「Me, too!」や「Oh, really!?」といった反応を聞き手がすれば，話し手も話しやすくなります。

　教科化されると定着が求められる部分もありますが，その評価は教師の仕事です。児童同士は発表の場においても，双方向でコミュニケーションが生まれるようにしておくことで，注目される抵抗感を減らすことができます。

> 発表の場も双方向になるようにしよう！

4章

発話や文法が苦手でも大丈夫！ 各内容の授業のつくり方

① 3年『Let's Try! 1』Unit 7
This is for you. カードをおくろう

「話すこと［発表］」のポイントを押さえた研究授業の指導案＆板書！

● 単元目標

- 日本語と英語の音声の違いに気付き，形の言い方や，ほしいものをたずねたり答えたりする表現に慣れ親しむ。（知識及び技能）
- ほしいものをたずねたり答えたりして伝え合う。
  （思考力，判断力，表現力等）
- 相手に伝わるように工夫しながら，自分の作品を紹介しようとする。
  （学びに向かう力，人間性等）

● 言語材料

表現例	What do you want? (A star), please. Here you are. This is for you. Thank you. You're welcome.
新出語彙等	this, a, for, big, small, 形 (square, rectangle, heart, star, diamond), bus, flower, 動物 (dog, cat, panda, mouse, bear)

● 本単元と関連する学習指導要領における
「話すこと［発表］」の目標

> イ 自分のことについて，人前で実物などを見せながら，簡単な語句や基本的な表現を用いて話すようにする。

●単元計画

	目標（■）と主な活動（・）
①	■日本語と英語の音声の違いに気付き，形や身の回りのものを表す表現を知る
	・Let's Play 1 （27ページ） ・Let's Play 2 （27ページ） ・Let's Watch and Think （28ページ）
②	■形や身の回りのものを表す表現に慣れ親しみ，何がほしいかたずねる表現を知る
	・Let's Watch and Think （28ページ） ・カードづくり ・Let's Chant "What do you want?" （27ページ）
③	■何がほしいかたずねる表現に慣れ親しむ
	・Let's Chant "What do you want?" （27ページ） ・Let's Listen （29ページ） ・What's this? クイズ
④	■ほしいものを伝え合う
	・Let's Chant "What do you want?" （27ページ） ・Activity （29ページ）
⑤ 本時	■相手意識をもちながら，自分の作品を紹介する
	・Let's Chant "What do you want?" （27ページ） ・Activity （29ページ）

●本時（第５時）

【目標】相手意識をもちながら、自分の作品を紹介する

	主な活動	指導内容（○）と指導のポイント（・）
1	あいさつ	・全体だけではなく、個別に行うことで慣れ親しませるようにする。
2	Let's Chant "What do you want?"（27ページ）	○事前にやり取りをして形をつくる。それをもとにして歌わせる。 ・「A green rectangle. An orange triangle. A black triangle.」「What's this?」「Yes. It's a pencil.」といったやり取りをして黒板に形をつくり、それを見て歌わせるようにする。
3	Activity（29ページ）	○自分がつくったカードを工夫して発表したりやり取りをしたりして紹介させる。 ・4人程度のグループになって発表する。最初はカードの表面は見せずに、部品になる形の数と色を紹介する（例：One yellow circle.）。言葉だけではなく、実際の部品の実物も示すことで聞いている児童の視覚支援になり、やり取りに参加しやすくなる。聞いている児童は部品を見ながら、「Car? Robot?」と推測し、発表者とやり取りをする。その後、発表者がカードの表を見せて答えを言う。聞いている児童は発表で感想を伝える。グループを変えて行う。教師は発表や簡単な英語を観察し、大事な部分を強調したり、実物の示し方を工夫したりしている児童を称賛し、中間評価でそれを全体に伝え、後半の発表の工夫を促すようにする。
4	ふりかえり	・自分以外の作品について、工夫していた部分やその形をつくった理由を推測させて感想を書かせる。感想を発表した児童に「This is for you. One gold circle.」と言ってメダルをあげると、本単元で慣れ親しんだ英語で終わることができる。

●板書例（第5時）

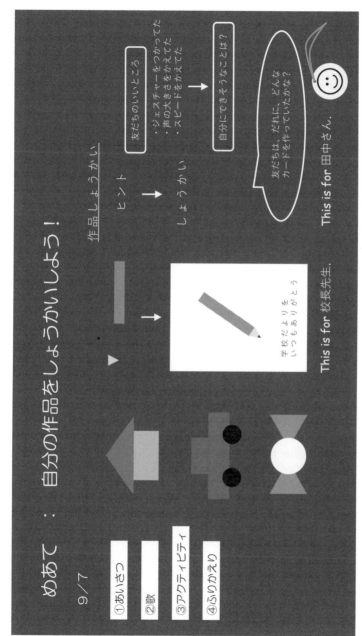

【指導のポイント】
・教師のデモンストレーションを板書で可視化して、児童に活動の流れが分かるようにしよう！
・作品紹介では、中間評価を入れて、工夫した発表ができるように声かけをしよう！

4章 発話や文法が苦手でも大丈夫！ 各内容の授業のつくり方 ◆ 117

4章

発話や文法が苦手でも大丈夫！ 各内容の授業のつくり方

「話すこと［発表］」のポイントを押さえた研究授業の指導案＆板書！

② 4年『Let's Try! 2』Unit 9 This is my day. ぼく・わたしの一日

● 単元目標

- 日本語と英語の音声やリズムなどの違いに気付き，日課を表す表現に慣れ親しむ。（知識及び技能）
- 絵本などの短い話を聞いて反応したり，おおよその内容が分かったりする。（思考力，判断力，表現力等）
- 相手に配慮しながら，絵本などの短い話を聞いて反応しようとする。（学びに向かう力，人間性等）

● 言語材料

表現例	I wake up (at 6:00). I have breakfast (at 7:00). I go to school. I go home. I take a bath.
新出語彙等	日課 (wash my face, go to school, go home, brush my teeth, put away my *futon*, have breakfast, check my school bag, leave my house, take out the garbage, take a bath, do my homework)

●本単元と関連する学習指導要領における「話すこと［発表］」の目標

> ウ 日常生活に関する身近で簡単な事柄について，人前で実物などを見せながら，自分の考えや気持ちなどを，簡単な語句や基本的な表現を用いて話すようにする。

●単元計画

	目標（■）と主な活動（・）
①	■絵本の読み聞かせを聞き，概要が分かる ・読み聞かせ ・絵カード並べ
②	■日課を表す表現に慣れ親しむ ・読み聞かせ ・ジェスチャー・ゲーム
③	■短い話を聞いて質問に答えたり，内容が分かったりする ・読み聞かせ ・ペアでの気持ちの伝え合い
④ 本時	■自分の好きなページを伝え合う ・読み聞かせ ・好きなページ紹介
⑤	■相手に配慮しながら，まとまりのある話を聞いて反応する ・読み聞かせ ・Who am I? クイズ

●本時（第4時）

【目標】自分の好きなページを伝え合う

	主な活動	指導内容（○）と指導のポイント（・）
1	あいさつ	・全体だけではなく、個別に行うことで慣れ親しませるようにする。
2	Let's Chant (『Hi, friends! Story Books』)	○英語のリズムと音に慣れ親しませる。 ・ただ歌わせるだけではなく、「自分が歌えそうな部分は歌いましょう」と指示を出し、「何をするか」をはっきりさせてから行うようにする。
3	読み聞かせ	○読み聞かせを工夫して行い、セリフが言える児童が増えるくらい慣れ親しませる。 ・ただ読み聞かせをするのではなく、①ページをめくるだけ→②セリフを指し示す→③主語だけ読んで少し待つ→④少しずつ読む→⑤読み聞かせの順で行い、①で児童がセリフを言えたら次に進み、①でだめなら②、②でだめなら……と手立てを増やし、セリフが言えるように慣れ親しませていく。
4	好きなページ紹介	○自分が好きなページを選ばせ、内容と好きな理由を発表させる。 ・まず教師が「I like page 39. I do my homework.」とその部分を指しながら言う。その後、「Kazu, a dog, a park...」と指を曲げて数えながら言う。つまった後、「I do my homework.」ともう一度言う。そして、「ページとセリフは必ず言います。それ以外で言えるところは言いましょう。3つ言えたらすごい！4つ以上はスーパー！」等の規準を児童と共通理解してから行う。それにより児童の取り組む意欲が高まる。
5	ふりかえり	・自分が発表できたことの自己評価を中心に書くように指示を出す。

●板書例（第4時）

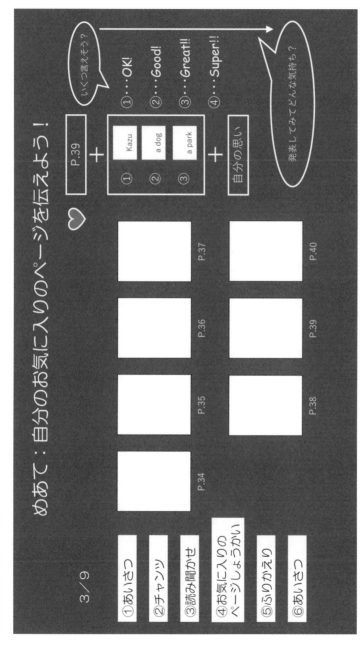

【指導のポイント】
・評価規準を児童と共通理解することで、発表の意欲を高めよう！
・発表前後の気持ちの変化を考えさせることで、自己評価能力や自己肯定感を高めよう！

4章 発話や文法が苦手でも大丈夫！ 各内容の授業のつくり方

4章 発話や文法が苦手でも大丈夫！ 各内容の授業のつくり方

③ 5年『We Can! 1』Unit 8 What would you like? 料理・値段

「話すこと[発表]」のポイントを押さえた研究授業の指導案＆板書！

●単元目標

- 家族の呼称や，丁寧に注文や値段をたずねたり答えたりする表現を聞いたり言ったりすることができる。また，簡単な語句を書き写すことができる。（知識及び技能）
- 丁寧に注文をたずねたり答えたりして，自分の考えを伝え合ったり，簡単な語句を推測しながら読んだりする。
（思考力，判断力，表現力等）
- 他者に配慮しながら，丁寧に注文をたずねたり答えたり，メニューについてまとまりのある話を聞いたり，感想を伝え合ったりしようとする。（学びに向かう力，人間性等）

●言語材料

表現例	What would you like? What (food) would you like? I'd like (spaghetti). This is my special menu. What's your special menu? It's for (my brother). How much? It's (100 yen).
新出語彙等	飲食物 (curry and rice, French fries, fried chicken, grilled fish, mineral water, parfait, drink, soda, tea, dessert, omelet 等)，状態や気持ちを表す語 (fun, busy)，家族 (father, mother, sister, brother, grandfather, grandmother)，enjoy, would, special, menu, table，数 (seventy, eighty, ninety, hundred)

●本単元と関連する学習指導要領における「話すこと［発表］」の目標

> ア　日常生活に関する身近で簡単な事柄について，簡単な語句や基本的な表現を用いて話すことができるようにする。

●単元計画

	目標（■）と主な活動（・）
①	■丁寧に注文をたずねたり答えたりする表現を知る ・Let's Watch and Think 1・2（58・59・60ページ） ・Let's Listen 1（61ページ）
②	■丁寧に注文をたずねたり答えたりする表現に慣れ親しむ ・Let's Watch and Think 1（58・59ページ） ・Let's Listen 2（60ページ）
③	■値段をたずねたり答えたりする表現を知る ・Let's Watch and Think 1（58・59ページ） ・Let's Listen 2（60ページ）
④	■丁寧に注文や値段をたずねたり答えたりする表現に慣れ親しむ ・Let's Listen 3（61ページ）　・ペアでの注文ロールプレイ
⑤	■丁寧に注文や値段をたずねたり答えたりすることができる ・先生のメニュー紹介　・Let's Listen 4（62ページ）
⑥	■他者に配慮しながら，丁寧に注文したり受けたりしようとする ・Let's Listen 5（62ページ）　・客と店員のロールプレイ
⑦	■メニュー表の料理名を推測しながら読もうとする ・客と店員のロールプレイ　・Let's Read and Write
⑧ 本時	■他者に配慮しながら，感想を伝え合おうとする ・Let's Listen 4（62ページ）　・スペシャルメニュー紹介

4章　発話や文法が苦手でも大丈夫！　各内容の授業のつくり方

●本時（第8時）

【目標】他者に配慮しながら、感想を伝え合おうとする

	主な活動	指導内容（○）と指導のポイント（・）
1	あいさつ	○英語の音や表現に慣れ親しませる。
2	Jingle (59ページ)	・これらの活動には慣れ親しんでいることが考えられるので、Jingleで出てくる食べ物（例：apple）が好きな児童は、食べ物を言った後に「I'd like apples.」と合いの手を入れたり、Let's Chantの歌詞を自分が好きな食べ物に変えて歌わせたりする。
3	Let's Chant (61ページ)	
4	Let's Listen 4 (62ページ)	○食べ物を聞き取らせながら、なぜそのメニューなのかを聞き取らせる。 ・「このメニューにした理由を確認しよう」と「何を聞くか」を焦点化する。その後、理由を確認して板書する。再度聞かせて理由を確認する。その際、「この後は自分のスペシャルメニューを発表してもらうので、言い方の確認も同時にしよう」と言い方の確認を音声と一緒に言うように指示を出す。
5	スペシャルメニュー紹介	○スペシャルメニューを発表させるとともに、その後のやり取りを充実させる。 ・発表をさせる前に、「I like ○○. It's delicious!」等、感想の伝え方をモデルとして教師が示しておく。また、発表者の持ち時間を明示しておき、時間内は班ごとにやり取りを続けるようにしておくことで、一方的な発表で終わらないようにする。
6	STORY TIME	○推測させながら読ませるとともに、Kazuの「but...」の続きを考えさせる。
7	ふりかえり	・続きのセリフで日本語が出た場合は、どう言えばいいかを全員に考えさせる。そのセリフをまとめとして全員で言うことで、生きて働く知識にしていくようにする。

● 板書例（第8時）

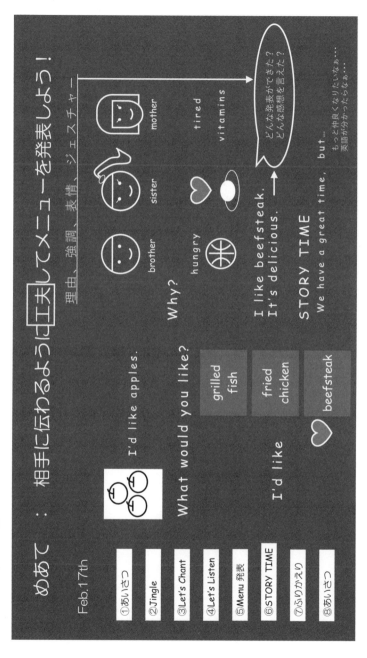

【指導のポイント】
・2回目に Let's Listen を聞く時に、自分の発表の言い方の練習も兼ねられるように指示を出す！
・ふりかえりでは、発表の工夫と相手への感想でどんなことができたかなどを書かせるようにする！

4章 発話や文法が苦手でも大丈夫! 各内容の授業のつくり方

④ 「話すこと[発表]」のポイントを押さえた研究授業の指導案&板書!
6年『We Can! 2』Unit 1
This is ME! 自己紹介

● 単元目標

・自己紹介に関する表現や好きなこと,できることなどを聞いたり言ったりすることができる。(知識及び技能)
・自己紹介で自分の好きなことやできることなどについて伝え合う。(思考力,判断力,表現力等)
・他者に配慮しながら,好きなことやできることなどについて伝え合おうとする。(学びに向かう力,人間性等)

● 言語材料

表現例	I'm from (Shizuoka). My nickname is (Ken). I [like / play] (soccer). I can (play soccer well). I want to go to (Brazil). I want to watch (soccer games). My birthday is (August 19th). What (subjects) do you like?
新出語彙等	from, nickname, watch, subject, me

●本単元と関連する学習指導要領における「話すこと［発表］」の目標

> イ　自分のことについて，伝えようとする内容を整理した上で，簡単な語句や基本的な表現を用いて話すことができるようにする。

●単元計画

	目標（■）と主な活動（・）
①	■好きな動物について聞いたり言ったりできる ・Let's Watch and Think（2・3ページ） ・Let's Talk（6ページ）
②	■好きなスポーツについて聞いたり言ったりできる ・Let's Watch and Think（2・3ページ） ・Let's Talk（6ページ）
③	■好きな教科について聞いたり言ったりできる ・Let's Watch and Think（2・3ページ） ・Let's Talk（6ページ）
④	■誕生日について聞いたり言ったりできる ・Let's Watch and Think（2・3ページ） ・Let's Talk（6ページ）
⑤	■好きなことについてたずねたり答えたりして伝え合う ・Let's Watch and Think（2・3ページ） ・Let's Talk（6ページ）
⑥	■自分ができることを伝え合う ・Let's Watch and Think（2・3ページ） ・Let's Talk（6ページ）
⑦	■例文を参考に自己紹介文を書く ・Let's Listen 3（7ページ）　・Activity（8ページ）
⑧本時	■他者に配慮しながら，自己紹介をしようとする ・Activity（8ページ）　・STORY TIME

●本時（第8時）
【目標】他者に配慮しながら、自己紹介をしようとする

	主な活動	指導内容（○）と指導のポイント（・）
1	あいさつ	
2	Activity （8ページ）	○より相手に伝わる工夫を取り入れて、自己紹介ができるようにする。 ・まずは教師が自己紹介のモデルを示す。その後、8ページと同様のポスターを提示し、推測しながら読ませる。その際、わざと配慮のない読み方で自己紹介をして、改善点を2つほど出させる。そのうえで自己紹介の練習をさせる。そして改善点からさらに2つほど取り上げる。そしてペアでの練習では、その様子から改善できているかを確認させるようにする。ペアを変えて本番の自己紹介の4つができているかを確認させるようにする。ペアを変えて本番の自己紹介をさせる。その時には、聞き取った自己紹介の内容について感想を英語で伝えるようにする（例：You like soccer. I like soccer, too! I'm happy!）。交代で行わせた後、ペアの人のよかったところを発表させる。この時は内容ではなく発表の工夫を中心にさせる。ペアを変えて何回か行う。
3	STORY TIME （9ページ）	○ライム（押韻）を通して音への気付きを高める。 ・「何度も聞こえる音に注意して聞こう」と、何を聞くかを焦点化してからデジタル教材を聞かせる。2回目は、よく聞こえる音の文字に印を付けさせる。その後、ペアやグループでどこに印を付けたか確認させる。3回目は、言えそうな児童にはデジタル教材に合わせて言わせながら、印の部分で手をたたかせるようにする。
4	ふりかえり	・伝える工夫と分かった内容の両方について書かせるようにすることで、よりよいコミュニケーションのスキルを自覚できるようにする。

● 板書例（第8時）

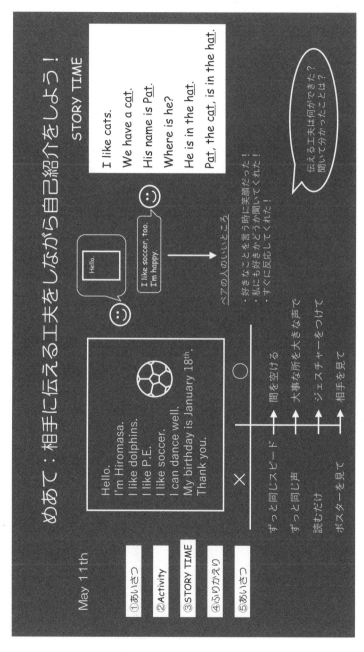

【指導のポイント】
・教師がわざと配慮のない読み方をまず見せることで、発表の工夫を児童から引き出す！
・ペアで練習する時に、発表の工夫ができているかをお互いに確認させるようにする！

4章　発話や文法が苦手でも大丈夫！　各内容の授業のつくり方

4章 発話や文法が苦手でも大丈夫！ 各内容の授業のつくり方

4 読解が苦手な先生だから分かること！

分からない単語があると読み進められない……，覚えていない単語の読み方がローマ字読みしかできない……，そんな読解が苦手な教師こそ，クラスの中にいる英語が苦手な児童の気持ちを分かってあげられます！

先生は英語が得意ですか？

英語は学生の時から苦手でした……特に，英語を「読むこと」に困っていました。

英語の文章を読む時，**1つでも意味が分からない単語があるとそこから先をなかなか読み進めることができなくなってしまいます**……（①）。

あと，単語を覚える時にはローマ字読みで覚えているので，**初めて出合う単語だとどう発音するのかが全く分かりません**……（②）。

だから，英語を「読むこと」は苦手です。

「読むこと」に関する児童の困り感を減らす手立てを考えよう！

● 知らない単語を読もうとしない児童（①）に対する手立て

　まず確認ですが，小学校の「読むこと」において，知らない単語を読むことは求められていません。十分に音声に慣れ親しんだ語句について，推測しながら読むということが指導要領に書かれています。ただ，多くの児童が慣れ親しんでいる語であっても，ある児童にとっては知らない単語ということは考えられます。そういった場合の手立てを考えておく必要があります。

　知らないことに出合った時，すぐにあきらめるのではなく，粘り強く考える力を育むためには，教師が考えるヒントをさりげなく示すことが必要です。これはユニバーサルデザインの授業とも言えます。児童が困ることが考えられる語の場合はその周囲に絵を添えたり，分からない顔をしている児童がいた場合は分かっている児童に「What's this?」とたずねて確認したりするようにします。大切なのは，教師が答えを教えるのではなく，児童がヒントとなる何かを自分でつかまえ，推測しながら，読むようにさせるということです。

　読めない単語には予想できるヒントを付け加えよう！

● 文字を音声化できない児童（②）に対する手立て

　「sometimes ＝ ソメチメス」「soccer ＝ ソッケー」
　私は単語を覚える時，上のようにローマ字読みと組み合わせて覚えていました。しかしこれは，書く時と読む時で音が違うため，未習の語を読む際には対応できません。こうならないように，小学校の英語授業においては，音声を十分に聞かせることを意識する必要があります。音声で十分にインプットしつつ，段階的に文字を示すことで，ローマ字というフィルターなしに音と文字の関係を理解するようになっていくはずです。

　音声を重視し，段階的に文字を示すようにしよう！

4章 発話や文法が苦手でも大丈夫！ 各内容の授業のつくり方

① 「読むこと」のポイントを押さえた研究授業の指導案＆板書！ 5年『We Can! 1』Unit 7 Where is the treasure? 位置と場所

● 単元目標

・物の位置をたずねたり答えたりする表現を，聞いたり言ったりすることができる。また，簡単な語句を書き写すことができる。
（知識及び技能）
・道案内で，場所をたずねたり答えたり，簡単な語句を推測しながら読んだりする。（思考力，判断力，表現力等）
・他者に配慮しながら，場所をたずねたり道案内をしたりしようとする。
（学びに向かう力，人間性等）

● 言語材料

表現例	Where is the treasure? Go straight (for three blocks). Turn [right / left] (at the third corner). You can see it on your [right / left]. It's [on/ in / under / by] (the desk).
新出語彙等	身の回りの物（cap, cup）， 建物（station, fire station, gas station, police station, post office, hospital, supermarket, convenience store, department store, flower shop），treasure, block, in, under, by, corner

●本単元と関連する学習指導要領における「読むこと」の目標

> イ　音声で十分に慣れ親しんだ簡単な語句や基本的な表現の意味が分かるようにする。

●単元計画

	目標（■）と主な活動（・）
①	■場所や物の位置を表す表現を知る ・Let's Watch and Think（50・51ページ） ・Let's Play 1（50・51ページ）
②	■場所や物の位置関係を表す表現に慣れ親しむ ・Let's Watch and Think（50・51ページ） ・Let's Listen 1（52ページ）
③	■場所や物の位置関係を表す表現を聞いたり言ったりできる ・Let's Listen 2（53ページ）　・Let's Read and Write
④	■建物の言い方や道案内の表現を知る ・Let's Listen 3（54ページ）　・Let's Read and Write
⑤	■道案内の表現を聞いたり言ったりすることができる ・Let's Listen 4（56・57ページ）　・Let's Read and Write
⑥	■ある物の場所をたずねたり答えたりすることができる ・Let's Listen 4（56・57ページ）　・Let's Read and Write
⑦	■ある物の場所を伝え合うことができる ・Let's Chant（52ページ）　・宝物を探そう
⑧ 本時	■音声で慣れ親しんだ簡単な語句を書き写すことができる ・Let's Read and Write　・自分の宝物を探そう

●本時（第8時）

【目標】 音声で慣れ親しんだ簡単な語句を書き写すことができる

	主な活動	指導内容（○）と指導のポイント（・）
1	あいさつ	○英語表現に慣れ親しませる。
2	Let's Chant (52ページ)	・ただ歌わせるだけではなく、児童の実態に応じて、指示を出す役と動く役と分かれて歌詞を動作化しながら歌わせることで英語表現により慣れ親しませる。
3	Let's Read and Write （ワークシート Unit7-3）	○暗号シートを見ながら、アルファベットの小文字を書き写させる。 ・ただ書かせるだけではなく、黒板に貼った暗号シートのどれなのかを確認し、小文字のアルファベットを全員で読み、音を確認してそれを言いながら書き写させるようにすることで文字が苦手な児童も取り組みやすくなる。
4	自分の宝物を探そう （ワークシート Unit7-1）	○自分が書き写したワークシートを推測しながら読ませる。 ・個人で書き写させる前に、「この英語はどんな意味か予想しながら書き写そう！」と指示を出しておく。困った時はペアやグループで相談させる。また、全体で答え合わせをする際には、答えに自信がある児童に掲載ページやジェスチャー等でヒントを出させるようにして、推測して読もうとする意欲を最後まで継続させる。
5	STORY TIME (55ページ)	○推測させながら読ませるとともに、自分にあてはめて考えさせる。
6	ふりかえり	・テキストの英語は何度も目にしている表現なので、推測して読むことができるであろう。そこで、テキストを読んだ後、自分の学校にマリアがいると想定して、実際の公園にどう案内するかを考えさせることで主体的に学ぶ意欲を高めるようにする。

●板書例（第8時）

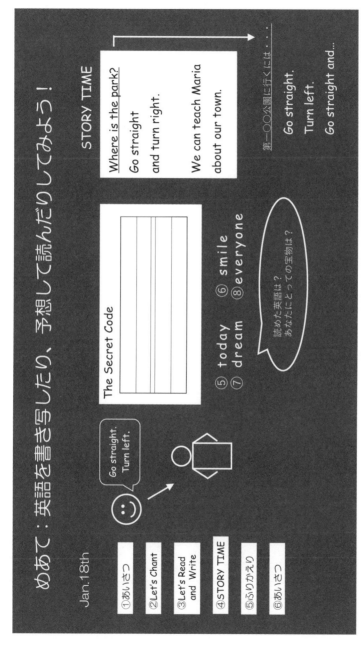

【指導のポイント】
・暗号シートは、小文字を全員で読みながら行うことで、苦手な児童も取り組みやすくする！
・「どんな意味か予想しながら書き写そう！」と指示を出し、分かった児童にはヒントを出させる！

4章 発話や文法が苦手でも大丈夫！ 各内容の授業のつくり方

「読むこと」のポイントを押さえた研究授業の指導案＆板書！

② 6年『We Can! 2』Unit 5 My Summer Vacation 夏休みの思い出

●単元目標

- 夏休みに行った場所や食べたもの，楽しんだこと，感想などを聞いたり言ったりすることができる。（知識及び技能）
- 夏休みに行った場所や食べたもの，楽しんだこと，感想などについて伝え合う。また，夏休みの思い出について簡単な語句や基本的な表現を推測しながら読んだり，例を参考に語順を意識しながら書いたりする。（思考力，判断力，表現力等）
- 他者に配慮しながら，夏休みの思い出について伝え合おうとする。（学びに向かう力，人間性等）

●言語材料

表現例	I went to (my grandparents' place). It was (fun). I enjoyed (fishing). It was (exciting). I saw (the blue sea). It was (beautiful).
新出語彙等	grandparent, vacation, 動詞の過去形 (went, ate, saw, enjoyed, was), 自然 (beach, mountain, sea, lake, river), 動作 (fishing, hiking, camping)

●本単元と関連する学習指導要領における「読むこと」の目標

> イ　音声で十分に慣れ親しんだ簡単な語句や基本的な表現の意味が分かるようにする。

●単元計画

	目標（■）と主な活動（・）
①	■夏休みに自分が行った場所を英語で言うことができる ・Let's Listen 1 （36ページ）　・Let's Play （34・35ページ）
②	■過去を表す表現を知り，感想の言い方を知る ・Let's Watch and Think 1 （36ページ）　・Let's Talk
③	■夏休みに行った場所と感想を聞いたり言ったりできる ・Let's Talk　・Let's Read and Write （40ページ）
④	■夏休みに食べた物や感想を聞いたり言ったりできる ・Let's Listen 2 （37ページ） ・Let's Read and Write （40ページ）
⑤	■夏休みにしたことやその感想を聞いたり言ったりできる ・Let's Watch and Think 2 （38ページ）　・Let's Talk
⑥	■夏休みの思い出について伝え合う ・Let's Listen 3 （38ページ）　・Let's Talk
⑦ 本時	■夏休みの思い出について書かれた文を推測して読む ・Let's Read and Watch （39ページ）　・Activity （40ページ）
⑧	■夏休みの思い出について語順を意識しながら書く ・Let's Read and Write （40ページ）　・STORY TIME （41ページ）

● 本時（第7時）

【目標】夏休みの思い出について書かれた文を推測して読む

	主な活動	指導内容（○）と指導のポイント（・）
1 2	あいさつ Small Talk	○本時の目標につながるように、長期休みや土日にしたことを伝え合わせる。 ・まずは教師がモデルを示す。その際、写真や絵、ジェスチャーを使ったり、「Did you go to a department store on Sunday?」と児童にたずねてやり取りしながら話したりする工夫をしながら行う。その後に児童同士のSmall Talkを設定し、自分がしたことについてやり取りしながら会話を続けられるようにしていく。交代で行わせた後、**ペアの人が話した内容とともに伝えるまでによかったところを発表させる**。ペアを変えて何回か行う。
3	Let's Read and Watch (39ページ)	○推測しながら英語の文章を読ませる。 ・まずSmall Talkで教師が話した内容を英文にしたものを見せ、児童と確認しながら読む。その後、テキストの39ページを見て、「Can you read?」とたずね、**内容理解ではなく、推測しながら音声化できるかチャレンジさせた**後、デジタル教材を視聴して音声を確認するとともに、「Sea?」「Fresh?」とやり取りしながら内容についてふれられる。最後にもう一度、自分で読んでみるように伝える。 ・その後、自分がこれまで書いてきたワークシートの音声化にチャレンジさせる。
4 5	Activity (40ページ) ふりかえり	○やり取りをしながら夏休みの思い出を伝え合う。 ・ペアで思い出を伝え合う際、**Small Talkでの工夫や、前活動でのやり取りを意識的に行うことができるように声をかける**。

138

●板書例（第7時）

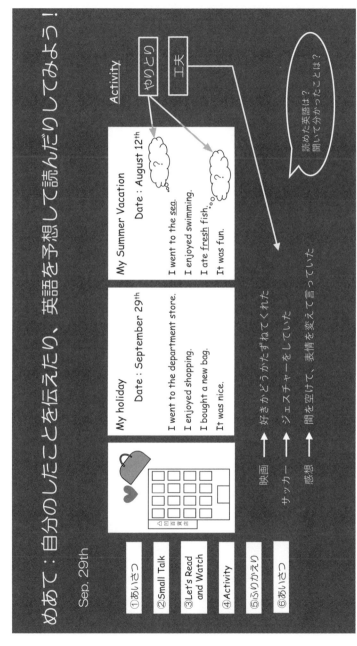

4章　発話や文法が苦手でも大丈夫！　各内容の授業のつくり方

4章 発話や文法が苦手でも大丈夫！ 各内容の授業のつくり方

5 文法が苦手な先生だから分かること！

　三単元のSで困った……，時制の一致，aとan，theの使い分け，語と語の間のスペースなど，英語特有のルールが理解できなかった……，そんな文法が苦手な教師こそ，クラスの中にいる英語が苦手な児童の気持ちを分かってあげられます！

先生は英語が得意ですか？

　英語は学生の時から苦手でした……特に，英語を「書くこと」に困っていました。
　英語の文章を書く時，**一番困ったのが三単元のSでした**。付けなきゃいけないということを教えてもらってはいるものの，付いていないとバツにされるのが苦い思い出です……（①）。
　あと，**日本語にはない英語独自のルールを理解することはいまだにできていません**……（②）。
　だから，英語を「書くこと」は苦手です。

「書くこと」に関する児童の困り感を減らす手立てを考えよう！

●三単元のSに困る児童（①）に対する手立て

　自分が中学生の時，三単元のSに困った方もおられると思います。高学年の新教材ではSheやHeといった三人称を扱う単元があるので，どう教えるかと頭を悩ませることと思います。ただ，新教材の中では助動詞のcanを伴って扱うことになっているので，実際は三単元のSは必要ありません。教材研究をしておくことで解決する問題です。

　また，この考え方を他に生かすことも大切です。つまり，文法的な問題で自分が困ったことについては，それを教材作成や授業構成の工夫によって解決できるようにしておくということです。そして，文法的な理解は求められていないということを踏まえ，間違いを訂正するよりも，英語で発信したことを優先して称賛することが大切だと思います。

> 文法的な困難さは教材や授業構成の工夫で解決する！

●日本語にはないルールの理解が苦手な児童（②）に対する手立て

　母語ではない外国語を学ぶ際，一番難しいと私が考えるのがその言葉独自のルールを理解することです。大人でも難しいことですので，小学生ならなおさらです。そこで，「習うより慣れろ」というスタンスを重視することが大切だと思います。

　その際，学習指導要領で重視されている「書き写す」ということを丁寧に指導することが大切です。まずはアルファベットを四線上に書くことから始め，文部科学省が作成しているワークシート等を使いながら書き写させます。その時に，書かせて終わりではなく，「きちんと写せているか隣の人と確認しましょう」といった指示を入れることで，スペースがあるかないか等に自分で気付かせるようにしていくことが大切です。

> 書き写す指導を丁寧に行って自分でルールに気付かせる！

4章 発話や文法が苦手でも大丈夫！ 各内容の授業のつくり方

「書くこと」のポイントを押さえた研究授業の指導案＆板書！

① 5年『We Can! 1』Unit 9 Who is your hero? あこがれの人

●単元目標

- 得意なことの表し方が分かる。（知識及び技能）
- 自分があこがれたり尊敬したりする人について，まとまりのある話を聞いて具体的な情報を聞き取るとともに，その場で自分の意見を含めて質問したり紹介したりする。音声で十分に慣れ親しんだ簡単な語句や基本的な表現で書かれたものの意味が分かり，例を参考に語と語の区切りに気を付けながら書き写す。（思考力，判断力，表現力等）
- 他者に配慮しながら自分があこがれたり尊敬したりする人について，自分の意見を含めて紹介しようとする。
（学びに向かう力，人間性等）

●言語材料

表現例	Who is your hero? This is my hero. [He/ She] is good at (playing tennis). [He/She] is (kind). [He/She] is a good (tennis player). [He/She] can (cook well). Can [you/ he / she] (play baseball well)? Are you a good (baseball player)? Why? [He/ She] is (cool).
新出語彙等	hero, so, brave, strong, because, gentle, fantastic

●本単元と関連する学習指導要領における「書くこと」の目標

> イ 自分のことや身近で簡単な事柄について，例文を参考に，音声で十分に慣れ親しんだ簡単な語句や基本的な表現を用いて書くことができるようにする。

●単元計画

	目標（■）と主な活動（・）
①	■得意なことを表す表現を知る
	・Let's Watch and Think（66・67ページ） ・Let's Listen 1（68ページ）
②	■第三者のできることについて聞いて分かる
	・Let's Watch and Think（66・67ページ） ・Let's Play 1（71ページ）
③	■第三者の得意なことを聞いたり言ったりできる
	・Let's Listen 2（68ページ） ・Let's Play 2（71ページ）
④	■自分や第三者について得意なことを聞いたり言ったりできる
	・Let's Listen 3（69ページ）　・Let's Read and Write
⑤	■自分や第三者について得意なことを聞いたり言ったりできる
	・Let's Listen 4（70ページ）　・Activity 1（69ページ）
⑥本時	■あこがれの人ができることを語順に注意しながら書き写す
	・Activity 2（72ページ）　・Let's Read and Write
⑦	■あこがれの人について，できることや得意なことを伝える
	・Let's Read and Write　・Activity 2（72ページ）
⑧	■他者に配慮しながら，あこがれの人について伝えようとする
	・Activity 2（72ページ）　　・STORY TIME（73ページ）

●本時（第6時）

【目標】あこがれの人ができることを語順に注意しながら書き写す

	主な活動	指導内容（○）と指導のポイント（・）
1	あいさつ	
2	Let's Chant (67ページ)	○英語表現に慣れ親しませる。 ・ただ歌わせるだけではなく、児童の実態に応じて、「名前」「年齢」「できること」等を自分のあこがれの人にあてはまるように変えて歌わせることで、単元最後で用いる英語表現に慣れ親しませる。
3	Activity 2 (72ページ)	○自分が発表するイメージをもたせながら、音声を聞かせる。 ・ただ聞かせるだけではなく、単元最後の自分の発表のモデルであることを事前に伝えてから聞かせる。また、1文ごとに確認をし、それを自分のあこがれの人に変えて言わせることで、単元最後の発表への意欲を高めることができる。
4	Let's Read and Write	○発表に向けて内容を見直させるとともに、英語の語順を意識して書き写させる。 ・Activity 2のスピーチと自分の書きたいことのワークシートを比べ、より聞き手に伝わりやすくなるように内容を見直させる。その際、国語科での発表の工夫を生かすように声をかける。清書する際は、テキストの72ページを読む→自分の下書きを読む→書き写すという流れで行わせ、語順を意識させる。
5	STORY TIME (73ページ)	○推測させながら読ませ、教師の質問について考えさせる。 ・Unit 1のSTORY TIME（9ページ）を開かせ、30秒ほど推測しながら自分で読んでみる時間をとる。その後、「What's his name?」等の質問を行い、内容を確認する。
6	ふりかえり	

● 板書例（第6時）

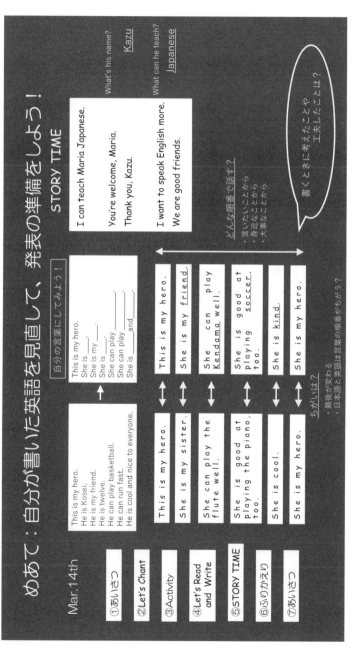

【指導のポイント】
・1つの型と自分の言葉の対比を視覚化することで、語順についての気付きを促すようにする！
・発表の文章を1文ずつのカードにすることで、順番を入れ替える工夫ができるようにする！

4章 発話や文法が苦手でも大丈夫！ 各内容の授業のつくり方

「書くこと」のポイントを押さえた研究授業の指導案＆板書！

② 6年『We Can! 2』Unit 4 I like my town. 自分たちの町・地域

●単元目標

- 地域にどのようなものがあるかやほしいか，地域のよさなどを表す表現が分かる。地域のよさや地域への願いが簡単な語句や基本的な表現で書かれた英語を書き写す。（知識及び技能）
- 地域のよさや課題などについて話す英語を聞いて，その概要を捉えたり，自分が住む地域について，よさや願いなど自分の考えや気持ちを伝え合ったりする。地域のよさや地域への願いについて，簡単な語句や基本的な表現で書かれた英語を読んで意味が分かったり，自分が住む地域についてのよさや願いを，例を参考に簡単な語句や基本的な表現を用いて書いたりする。（思考力，判断力，表現力等）
- 地域のよさなどについて，伝えようとしたり，書かれたものを読んだり書いたりしようとする。（学びに向かう力，人間性等）

●言語材料

表現例	We [have/don't have] (a gym). We can (play basketball). We can enjoy (jogging). (Sakura-cho) is a nice town.
新出語彙等	we, town, 施設 (amusement park, aquarium), think, but, plant, nature, 動作 (jogging, playing, reading, shopping)

●本単元と関連する学習指導要領における「書くこと」の目標

> イ 自分のことや身近で簡単な事柄について，例文を参考に，音声で十分に慣れ親しんだ簡単な語句や基本的な表現を用いて書くことができるようにする。

●単元計画

	目標（■）と主な活動（・）
①	■地域の施設がある，ない，ほしい等について聞いて分かる ・Let's Listen 1（26・27ページ） ・Let's Listen 2（28ページ）
②	■地域の施設について，あるかないか等のやり取りができる ・Let's Listen 1（26・27ページ）　・Let's Talk
③	■地域のよさについて，言ったり聞いたりできる ・Let's Listen 3（29ページ）　・Let's Talk
④	■あってほしい施設について，言ったり聞いたりできる ・Let's Watch and Think 1（29ページ）　・Activity 1（31ページ）
⑤	■地域について書かれている英文を推測しながら読む ・Let's Watch and Think 2（31ページ）　・Activity 2（32ページ）
⑥ 本時	■自分たちの地域について話したことを，目的意識をもって書く ・Let's Watch and Think 2（31ページ）　・Activity 2（32ページ）
⑦	■他者に配慮しながら，自分たちが住む地域について話す ・Let's Chant（29ページ）　・Activity 2（32ページ）
⑧	■音声で慣れ親しんだ語を推測しながら読む ・Activity 2（32ページ）　・STORY TIME（33ページ）

4章　発話や文法が苦手でも大丈夫！　各内容の授業のつくり方

●本時（第6時）

【目標】自分たちの地域について話したことを、目的意識をもって書く

主な活動	指導内容（○）と指導のポイント（・）
1 あいさつ	
2 Let's Chant (29ページ)	○英語表現に慣れ親しませる。 ・歌詞通りではなく、自分たちの町にある施設の中で好きなもの、ないものを事前に確認して絵カードで示し、それを替え歌にして歌わせることで、後の活動につなげる。
3 Let's Watch and Think2 (31ページ)	○相手の話に対してどのように感想が言えるかを確認しながら視聴させる。 ・最終的にまとまりのある話を聞かせるが、児童の実態に応じて1文字ずつ聞かせて、その感想を英語で言わせて板書する。そのうえで、全体をまとめて聞かせ、まとまりのある感想を板書を参考にしながら言わせるようにする。
4 Activity 2 (32ページ)	○単語間のスペースを意識して書き写させる。 ・板書の文章でスペースの数を確認し、それを参考にしながら別の小さい紙に書かせ、ペアで確認してからパンフレットに貼らせることで、スペースを意識させることができる。また、書いた文字のレイアウトを工夫させることで、字の大きさや余白、国語や書写の学びを生かした工夫をさせることにもつながる。絵の使い方等、
5 Alphabet Jingle (Sounds and Letters)	○授業内で使った英単語を使って替え歌にして歌わせる。 ・P→park、S→station等、授業で扱った語をジングルで替え歌にして歌わせる。その際、事前にp-a-r-k "PARK"と確認し、アルファベットの名称と音の違いを意識しやすくしておく。替え歌で歌うリズムも事前に確認し、取り組みやすくする。
6 ふりかえり	

148

● 板書例（第6時）

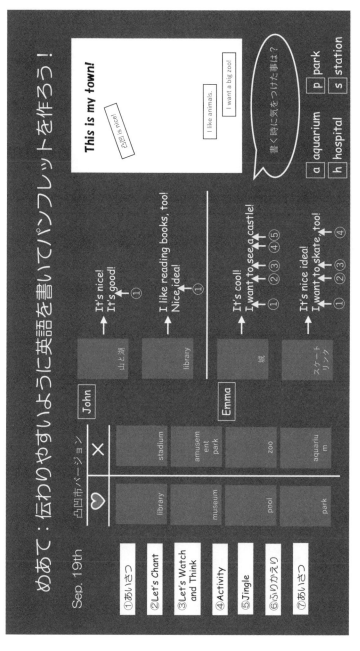

4章 発話や文法が苦手でも大丈夫！ 各内容の授業のつくり方

5章
使えば身に付く！ 教師の英語スキルアップのポイント

1 小学校教師の英語の学び方！

　英語の授業を行う際,「自分自身の英語力」に不安を感じる教師が多いという調査をよく見ます。高いレベルではないにしろ,ある程度の英語を話すことは求められますが,忙しい中,その力をどう伸ばすかのアイデアを提案します。

授業で使える英語を学ぶことが大切！

　私の英語の授業を参観された方から,「江尻先生は英語がペラペラですね」と言われます。とってもうれしくなりますが,私としては恥ずかしい気持ちもあります。それは,どう考えても私は英語がペラペラではないからです。では,どうして参観された方がそう思うのでしょうか。

　私が英語の授業を初めて公開したのは,26歳の時でした。若かったということもあり,英語を話せるわけでもないのに,「英語の授業を全て英語でやりたい！」と思ってしまいました。そこで私は,自分が授業中に話す予定の言葉を日本語で全て書き出し,それを英語が堪能な先生に全て訳してもらいました。それを往復40分の自転車通勤の間に何度も何度も口に出し,2か月かけて全てを覚えました。おかげで,最初の公開授業は全て英語でできました。これ以降,研究授業のたびに英語を覚えることを繰り返してきました。これを1年続けると,教室での英語は大体話せるようになりました。教室で使う英語はかなり限られているからです。実際,最初の授業で私が書き出した日本語の数は,51個でした。「Stand up!」といったレベルも入れてです。中学校から大学の10年間で学んだ英語表現の数で考えると,"たったの"51個だと思います。しかも,2回目の授業においては,これが30個になっていました。授業で必要な英語が毎時間違うということはあまりなく,新しく必

要になる表現はそこまで多くないからです。繰り返していけば，どんどん書き出す日本語の数が減ってきました。ただこれだけの話です。

実際，私は今でも字幕なしで洋画を観ることはできません。英語でラジオを聞いてもさっぱり分かりません。英語がペラペラというわけではなく，教室での英語に困ることがほとんどないというだけです。

「私は英語が話せません」という方の多くは，求めるレベルが高くなっているのだと思います。つまることなく流暢にALTと会話する……そんなイメージだと思います。英会話教室に通ったり，アプリや通信教育等で学んだりしても，なかなか英語力が上がる手応えを感じられない方も多いと思います。その場合，目標を変えて学び方を変えるのがよいと思います。児童に対して場の設定をするのと同じです。目標を「教室で使える英語を学ぶ」ということにして，そこで必要な英語から学んでいく方法にするのです。これが，小学校教師が英語を使えるようになるための近道だと思います。

私が提案するのは，「教室で使う英語は教室で学ぶ」ということと，「英語を話すために英語を学ぶ」ということです。とりあえず，この2つを3か月取り組んでみてください。教室で自分が使える英語が増えてきたことを実感できるはずです！

教室で使う英語は教室で学ぶ！	英語を話すために英語を学ぶ！
授業中にALTが話す英語をまねしてみよう！（152～153ページ）	日記を書いてその内容をALTに話してみよう！（154～163ページ）

5章 使えば身に付く！ 教師の英語スキルアップのポイント

5章 使えば身に付く！ 教師の英語スキルアップのポイント

2 教室で使う英語は教室で学ぶ！

　クラスルームイングリッシュに関する書籍や情報はたくさんあります。それらは「使えそう」ではあるけれど，実際に「いつ使うのか」が分かりません。それよりも，授業の中で生きた英語を学ぶことで使える英語が身に付きます！

ALTの話す英語は全て使える英語！

　回数は別にして，ALTが授業に参加する学校は多いと思います。その役割で大きなものは，生きた英語を児童に聞かせることだと思いますが，教師の英語力アップにも有効です。なぜなら，ALTが話す英語は学習としての英語ではなく，全て生きた使える英語だからです。

　まずはとにかく，ALTが授業中に話す英語をまねして口に出すようにしてみてください。おそらく，「そんなに難しい英語を使っているわけじゃないんだ」とか，「そういう風に言うんだ！」という発見があるはずです。これが大切な気付きであり，学びです。小さい子どもが日本語を身に付ける時と同じです。教師も，ALTのまねを繰り返しながら英語を使っていけば，いつの間にか口から英語が出てくるようになっていきます。大切なことは，生きた英語を実際に使ってみることです。

見通しをもって英語力を向上させる！

「まねを続ければ少しは話せそうだけれど，感覚的ではなく意識して英語力を向上させたい」と思われる方もいると思います。その際には，金沢市立南小立野小学校がまとめたものが役立つと思います。ALTとのやり取りをレベル別にしたものです。レベル1の「まねをする」ところから，レベル3程度を目指していくことで，英語力の向上につながっていくと思います。

レベル1 「言葉をまねて，投げ返す」

ALTが話す英語をまねする段階です。ALTが「Who likes soccer?」と聞いたら担任が「Soccer?」とたずねて挙手を促すイメージです。

レベル2 「取り出して，投げ返す」

ALTが話す英語の中から，大事な部分だけを取り出したり，分かる言葉に言い換えたりして，児童に伝えていくイメージです。

ALT：Take out your scissors and cut to the center.
担任：（はさみを持って切れ目を入れながら）Cut, cut, cut...cut...stop!

レベル3 「自然な英語で追いかけてもらう」

できる範囲で担任が英語を話し，それをALTに補ってもらうイメージです。レベル3からは，担任が主になって話します。

担任：Black, white, black, white, black, white...
ALT：Oh! You have stripes.
担任：Yes, I have stripes.

レベル4 「普通に会話しながら進める」

ALTとやり取りをしながら進めます。ただ，留意点として，児童に理解できる英語をどちらかは使うことが大切です。

5章
使えば身に付く！ 教師の英語スキルアップのポイント

3 日記⇔ALTとの会話「天候編」

今日はとっても暑かったなぁ。32度だったんだって。その分，ビールがおいしかった！

【日記の例】

自分自身にたずねたり答えたりしながら書いていきます。
分からない言葉はスマホや辞書で調べてみましょう。

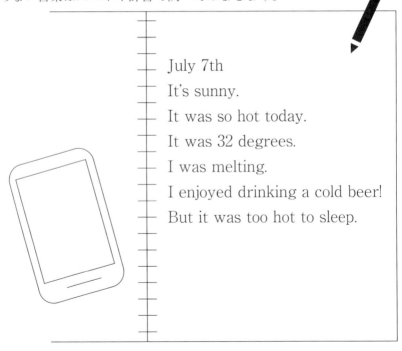

July 7th
It's sunny.
It was so hot today.
It was 32 degrees.
I was melting.
I enjoyed drinking a cold beer!
But it was too hot to sleep.

【次の日の ALT との会話例】

自分が書いた日記を見返してから，ALT に話しかけましょう。

It was too hot yesterday.（昨日は暑かったよね）
Do you know how hot it was?（何度だったか知ってる?）

I don't know.（知らないなぁ）
How hot was it?（何度だったの？）

It was 32 degrees.（32度だったんだよ）
I was melting.（溶けそうだったね）

That's true.（確かに）
I was melting, too.（私も溶けそうだった）

It was too hot to sleep.（暑くて眠れなかった）
But, cold beer was really good!
（でも，冷たいビールがおいしかった！）
Do you like drinking beer?（ビールは好き？）

Of course!（もちろん！）

5章 使えば身に付く！ 教師の英語スキルアップのポイント

4 日記⇔ALTとの会話「日常生活編」

今日はいつものラーメン屋さんに行った！
ALTの先生も一度連れて行ってあげよう！

【日記の例】

自分自身にたずねたり答えたりしながら書いていきます。
分からない言葉はスマホや辞書で調べてみましょう。

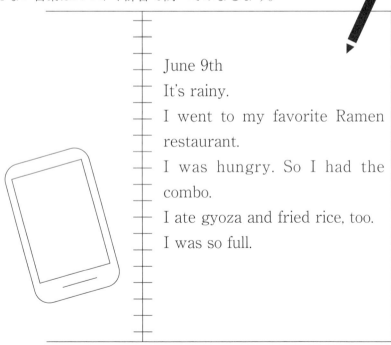

June 9th
It's rainy.
I went to my favorite Ramen restaurant.
I was hungry. So I had the combo.
I ate gyoza and fried rice, too.
I was so full.

【次の日のALTとの会話例】

自分が書いた日記を見返してから,ALTに話しかけましょう。

I went to my favorite Ramen restaurant.
(昨日はお気に入りのラーメン屋さんに行ったんだ)
Do you know "来来軒"?(「来来軒」って知ってる?)

I don't know it.(知らないなぁ)
What did you eat?(何を食べたの?)

I was hungry so I had the combo.
(すごくお腹がすいてたからセットを食べたんだよ)
I ate gyoza and fried rice, too.(餃子も焼飯も食べた!)

Did you like it?(おいしかった?)

Yes!(もちろん!)
I was so full.(お腹いっぱいになったよ)
Do you like Chinese food?(中華料理は好き?)

Yes! I like Chinese food!(もちろん好きよ!)

Let's go together next time!
(じゃあ,今度一緒に行こうよ!)

5章 使えば身に付く！ 教師の英語スキルアップのポイント

5 日記⇔ALTとの会話「趣味編」

昨日は趣味の映画を観に行った！
ALTの先生も映画を好きか聞いてみよう！

【日記の例】

自分自身にたずねたり答えたりしながら書いていきます。
分からない言葉はスマホや辞書で調べてみましょう。

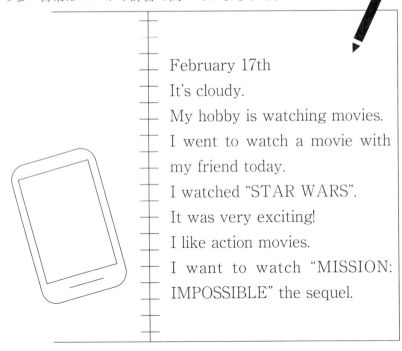

February 17th
It's cloudy.
My hobby is watching movies.
I went to watch a movie with my friend today.
I watched "STAR WARS".
It was very exciting!
I like action movies.
I want to watch "MISSION: IMPOSSIBLE" the sequel.

【次の日の ALT との会話例】

自分が書いた日記を見返してから，ALT に話しかけましょう。

I went to watch a movie with my friend yesterday.
(昨日は友だちと映画に行ったんだよね)
Do you like movies?（映画は好き？）

Yes! I like movies!（うん，好きだよ）
What did you watch?（何を観たの？）

I watched "STAR WARS" yesterday. It was exciting!
(昨日は「スター・ウォーズ」を観たよ。興奮した！)
Have you ever watched the movie "STAR WARS"?
(「スター・ウォーズ」は観たことある？)

Of course! I like it very much!!
(もちろん！ 大好きだよ！)

Cool!（いいねぇ！）
What is your favorite movie?（お気に入りの映画は何？）

My favorite movie is "MISSION: IMPOSSIBLE"!
(お気に入りは「ミッション：インポッシブル」だね！)

Really!?（本当に!?）
I want to watch "MISSION: IMPOSSIBLE" the sequel.
(僕も続編を観たいんだよね！)

5章 使えば身に付く！ 教師の英語スキルアップのポイント

6 日記⇔ALTとの会話「名言編」

昨日は豪雨で被害があった。
でも，名言に励まされた！
自分ができることをしていこう！

【日記の例】

自分自身にたずねたり答えたりしながら書いていきます。
分からない言葉はスマホや辞書で調べてみましょう。

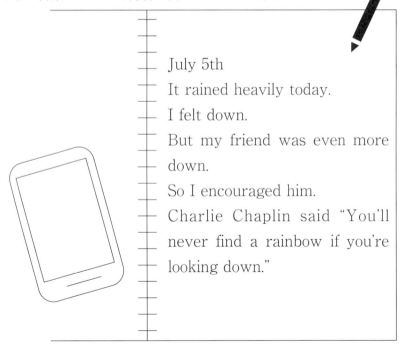

July 5th
It rained heavily today.
I felt down.
But my friend was even more down.
So I encouraged him.
Charlie Chaplin said "You'll never find a rainbow if you're looking down."

【次の日の ALT との会話例】

自分が書いた日記を見返してから，ALT に話しかけましょう。

It rained heavily yesterday.
(昨日はすごい雨だったね)
Was everything okay?（何事もなかった？）

I feel a little down.
(ちょっと落ち込んでるんだよね)

Did anything happen?
(何があったの？)

I am really worried about leaks in my house.
(雨もりが心配なの……)

That's too bad.
(大変そうだ……)
What can I do (to help)?（僕にできることある？）

Nothing. But thanks for asking.
(ううん，やさしくしてくれてありがとう)

Charlie Chaplin said "You'll never find a rainbow if you're looking down."
(チャーリー・チャップリンが「下を向いていたら，虹を見つけることはできないよ」と言ってたよ)
Let's think positive!（前を向いていこうね！）

5章

使えば身に付く！　教師の英語スキルアップのポイント

7　日記⇔ALTとの会話「授業のふりかえり編」

今日の授業についてALTの先生と話したことを日記に書いておこう！

【日記の例】

自分自身にたずねたり答えたりしながら書いていきます。
分からない言葉はスマホや辞書で調べてみましょう。

帰宅後，書いた！

February 2nd
It's snowy.
They didn't understand "Let's Listen" very well.
I asked Jane, "Do you have any ideas to make it better?"
She suggested that it's better to explain the details before the activity.
I thought 'Let's do it next time!'

【授業後のALTとの会話例】

授業後，話した！

How was the lesson today?
（今日の授業はどうだった？）

They seemed to enjoy it.（楽しそうにはしていたね）
But, they didn't understand "Let's Listen" very well.（でも，レッツリッスンはあんまりよく分かってなかったかな）

That's true.（確かに）
Do you have any ideas to make it better?
（何かうまくいくアイデアある？）

I think it's better to explain the details before the activity.
（活動の前に，少し詳しく説明をした方がいいと思うなぁ）

That's true. Let's do it next time!
（確かにそうだね。次はそうしよう！）

【参考文献】
「小学校外国語活動・外国語研修ガイドブック」(文部科学省，2017年)
「小学校学習指導要領」(文部科学省，2008年)
「小学校学習指導要領」(文部科学省，2017年)
「在留外国人統計」(法務省，2016年)
「小学校におけるカリキュラム・マネジメントの在り方に関する検討会議報告書」(文部科学省，2017年)
『スタートダッシュ大成功！ 小学校 全教科の授業開き大事典』(明治図書，2018年)
『はじめての小学校英語 授業がグッとアクティブになる！ 活動アイデア』(明治図書，2017年)
「金沢市立南小立野小学校研究紀要」(金沢市立南小立野小学校，2004年)
「小学校第3学年 外国語活動 年間指導計画活動例」(文部科学省，2018年)
「小学校第4学年 外国語活動 年間指導計画活動例」(文部科学省，2018年)
「小学校第5学年 外国語科 年間指導計画活動例」(文部科学省，2018年)
「小学校第6学年 外国語科 年間指導計画活動例」(文部科学省，2018年)
「英語教育改善のための調査研究事業に関するアンケート調査」(文部科学省，2009年)

【著者紹介】
江尻　寛正（えじり　ひろまさ）
岡山県教育庁義務教育課指導主事。
スポーツクラブインストラクター，京都府教諭，東京都教諭，サンパウロ日本人学校教諭，岡山県教諭を経て現職。
現在は小学校英語だけではなく，児童の情報活用能力や創造的思考力育成のために，ICT活用教育やプログラミング教育にも力を注いでいる。
小学校英語に関しては，「基礎英語０」番組委員（NHK，2017年）を務め，単著『はじめての小学校英語　授業がグッとアクティブになる！　活動アイデア』（明治図書，2017年），執筆協力『小学校外国語活動研修ガイドブック』（文部科学省，2009年）等多数。情報教育に関してはScratch 2018 Tokyoでの発表等がある。

英語が話せない先生のための
小学校外国語指導の教科書

2019年２月初版第１刷刊　Ⓒ著　者　江　尻　寛　正
　　　　　　　　　　　　　　発行者　藤　原　光　政
　　　　　　　　　　　　　　発行所　明治図書出版株式会社
　　　　　　　　　　　　　　http://www.meijitosho.co.jp
　　　　　　　　　　　　　（企画）茅野　現（校正）嵯峨裕子
　　　　　　　　　　　　　〒114-0023　東京都北区滝野川7-46-1
　　　　　　　　　　　　　振替00160-5-151318　電話03(5907)6701
　　　　　　　　　　　　　ご注文窓口　電話03(5907)6668

＊検印省略　　　　　　　　組版所　藤　原　印　刷　株　式　会　社
本書の無断コピーは，著作権・出版権にふれます。ご注意ください。

Printed in Japan　　　　　ISBN978-4-18-265425-1
もれなくクーポンがもらえる！読者アンケートはこちらから

道徳科授業サポートBOOKS

小学校「特別の教科 道徳」の授業と評価実践ガイド

服部敬一 著

道徳ノートの記述から見取る通知票文例集

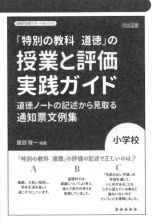

子供の記述を見取れば道徳の授業と評価に迷わない

「特別の教科 道徳」では子供が「分かったこと」を資料として評価文を作成し、道徳科の学習において子供自身が自分事として道徳的価値の理解をどのように深めたかという子供の学びや成長の様子を記述しよう。道徳ノートの子供の記述をいかに見取るか、実践をまとめた。

2213・B5判128頁・2200円+税

「指導と評価の一体化」の視点で見取る

【教材】金のおの／かぼちゃのつる／新次のしょうぎ／どんどん橋のできごと／うばわれた自由／手品師／はしのうえのおおかみ／およげないりすさん／言葉のまほう／絵はがきと切手／ロレンゾの友だち／ブランコ乗りとピエロ／きいろいベンチ／雨のバス停留所で／ブラッドレーのせい求書／名前のない手紙／ハムスターのあかちゃん／ヒキガエルとロバ／くもの糸

はじめての小学校英語

江尻寛正 著

授業がグッとアクティブになる！活動アイデア

モジュールで学ぶ！コミュニケーション・ゲーム・文字学習

小学校英語スタート！何をどのように教えたらよいのか悩む先生のための入門書。コミュニケーション、ゲーム、文字のモジュール学習のアイデアとそれをどう組み合わせて授業をつくるか英語授業の実践モデルを紹介。ほめ言葉のシャワー・菊池省三先生推薦！本気の授業。

2119・A5判144頁・2000円+税

グッとアクティブになる英語授業の実践モデル（本文Chapter4より）

1. ジェスチャーやリアクションを大事にした授業「What is this?」／2. 相手意識を大事にした授業「Do you like ～?」／3. 他教科（国語）と関連した内容「How many?」／4. 国際理解を扱った内容「How much?」／5. 行事と関連した内容「Where are you from?」／6. 文字に興味をもたせる内容「What do you want to be?」　ほか

明治図書　携帯・スマートフォンからは **明治図書ONLINE** へ　書籍の検索、注文ができます。▶▶▶

http://www.meijitosho.co.jp　＊併記4桁の図書番号（英数字）でHP、携帯での検索・注文が簡単に行えます。

〒114-0023　東京都北区滝野川7-46-1　ご注文窓口　TEL 03-5907-6668　FAX 050-3156-2790

好評発売中！

外国語活動・新教材の授業＆評価の極意を一挙公開！

成功する小学校英語シリーズ 5

外国語活動を徹底サポート！
"Hi,friends!" 指導案＆評価づくり
パーフェクトガイド CD-ROM 付

菅　正隆 編著／大牟田市立明治小学校 著

図書番号 7895／B5 判 152 頁／本体 2,800 円＋税

"Hi,friends!" の全 70 時間の指導案とともに、観点別評価がすぐできる「評価補助簿」、指導要録記入例や通知表文例、子ども用の「振り返りカード」などを収録。CD-ROM データ付で、新教材を使った学級担任の外国語活動をフルサポートする 1 冊です！

新教材を使った移行期・先行実施の授業づくりに即対応！

『授業力＆学級経営力』PLUS

小学校 外国語 "We Can!1" の授業＆評価プラン
小学校 外国語 "We Can!2" の授業＆評価プラン

菅　正隆 編著／千早赤阪村立千早小吹台小学校 著

図書番号　"We Can!1" 2755　"We Can!2" 2756／B5 判 136 頁／本体 2,200 円＋税

New 待望の新刊
2 月末同時刊行！

新教材 "We Can!" の全 70 時間の学習指導案とともに、3 観点での評価がすぐにできる「評価補助簿」と子ども用の「振り返りカード」、また全 Unit の指導要録記入例や通知表文例などを収録。教科化された小学校外国語の授業と評価をフルサポートする 1 冊です！

明治図書　携帯・スマートフォンからは　**明治図書 ONLINE へ**　書籍の検索、注文ができます。▶▶▶

http://www.meijitosho.co.jp　＊併記 4 桁の図書番号（英数字）でHP、携帯での検索・注文が簡単に行えます。

〒114-0023　東京都北区滝野川 7-46-1　ご注文窓口　TEL (03)5907-6668　FAX (050)3156-2790

小学校 新学習指導要領の展開シリーズ

平成29年版

大改訂の学習指導要領を広く，深く徹底解説
資質・能力に基づき改編された内容の解説から新しい授業プランまで

ラインナップ

総則編	無藤　隆 編著	【3277】
国語編	水戸部修治・吉田裕久 編著	【3278】
社会編	北　俊夫・加藤寿朗 編著	【3279】
算数編	齊藤一弥 編著	【3280】
理科編	塚田昭一・八嶋真理子・田村正弘 編著	【3281】
生活編	田村　学 編著	【3282】
音楽編	宮﨑新悟・志民一成 編著	【3283】
図画工作編	阿部宏行・三根和浪 編著	【3284】
家庭編	長澤由喜子 編著	【3285】
体育編	白旗和也 編著	【3286】
外国語編	吉田研作 編著	【3287】
特別の教科 道徳編	永田繁雄 編著	【2711】
外国語活動編	吉田研作 編著	【3288】
総合的な学習編	田村　学 編著	【3289】
特別活動編	杉田　洋 編著	【3290】
特別支援教育編	宮﨑英憲 監修　山中ともえ 編著	【3291】

A5判
160〜208ページ
予価 1,800〜2,000円

明治図書　携帯・スマートフォンからは **明治図書ONLINE** へ　書籍の検索，注文ができます。
http://www.meijitosho.co.jp　＊併記4桁の図書番号でHP，携帯での検索・注文が簡単にできます。
〒114-0023　東京都北区滝野川7-46-1　ご注文窓口　TEL 03-5907-6668　FAX 050-3156-2790